はじめに

　平成23年3月11日、未曾有の津波が三陸沿岸を中心に襲い、甚大な被害をもたらしました。この事態を受けて、現地で被害に遭われた障害を持つ方々のために何らかの具体的な支援ができないかと、国分寺市に都内の知的障害関係団体が集まり、東社協知的発達障害部会と東京都発達障害支援協会による合同災害対策本部（東京支援チーム）が立ち上がりました。気仙沼市や南三陸町への先遣隊派遣調査を受けて、同年4月から8月までは、毎日都内の知的障害関係施設職員が、宮城県にある都外施設「はんとく苑」に現地本部を置かせていただき、復興支援活動に従事させていただきました。その支援内容は多岐に及び、被災した障害者施設・障害者雇用民間事業所・ケアホームでの利用者支援・特別支援学校生徒の送迎支援などを実施しました。

　8月以降は支援ニーズの変化に伴い、支援活動は仮設住宅に暮らす障害者の移動・相談業務が中心となりましたが、翌年の3月まで年度を通して継続され、1年間で、都内全体では現地派遣職員293名、のべ1,845名となりました。

　平成24年度からは、東社協知的発達障害部会では「東日本大震災復興支援特別委員会」を設置し、5年後の現在まで支援を継続してきました。そして、5年経って、当時現地での支援受け入れ窓口として連携し絆を深めて来た方々が中心となり、災害時における福祉ニーズに対応するための事業の立ち上げの検討をはじめ、復興支援特別委員会は一つの区切りの年となるので、記録集を発行しています。本ブックレットは、その記録集をもとに、多くの方に気仙沼と東京で生まれた絆を知っていただくために作成しました。

　この支援活動から得た教訓はさっそく「平成28年熊本地震」の支援活動に活かされることになりました。「もう5年も経ったのか」と、感慨に浸りたい気持とともに、明日の福祉に向けてこのブックレットが活かされることを期待します。

社会福祉法人　東京都社会福祉協議会

知的発達障害部会　部会長　坂本　光敏

目　次

第1章　復興支援チーム5年間の活動
気仙沼と東京で生まれた絆、私たちが大切にしてきたこと ── 山本 あおひ ── 2
復興支援チーム5年間の活動概要 ── 10

第2章　気仙沼を支えた方たち
1　判断、そして決断 ── 熊谷 眞佐亀 ── 14
2　震災後の歩みと現実、そしてこれから ── 青野 繁清 ── 20
3　震災を経験して ── 菅原 満子 ── 24
4　東京支援チームの皆さんとの4年間を振り返って ── 熊谷 勝市 ── 30
5　ご支援いただいた全ての皆様へ感謝 ── 谷村 明信 ── 34
6　東京の復興支援チームによる送迎支援で通学可能となる ── 西脇 正彦 ── 38
7　500年から1000年に一度？の地震と遭遇（回想） ── 三島 照義 ── 46
8　震災を経験して ── 石田 尚広 ── 52

第3章　気仙沼へそれぞれの想い
1　東日本大震災の支援活動から学び、今後の大災害に備えよ ── 柴田 洋弥 ── 58
2　5年間の支援を振り返って ── 山下 望 ── 62
3　現地支援者コーディネーターとして ── 高瀬 祐二 ── 64
4　現地調査に入って ── 大竹 真澄 ── 68
5　東京支援チームの始動　～どのように支援に取り組んでいくか～ ── 高野 宣弘 ── 72
6　震災から1ヶ月後　東京支援チームにできたこと… ── 月岡 亮 ── 76
7　派遣職員の心のウォームアップ・クールダウン　～派遣オリエンテーション～ ── 石原 誠太郎 ── 80
8　学校送迎のマニュアル作成・チーム支援について ── 中尾 美佐子 ── 84
9　つながりの大切さを実感 ── 渡辺 和生 ── 88

10	復興支援の肝は利用者支援の本質だった	根本 昌彦	92
11	被災地派遣で感じたこと	野田 恵子	98
12	アーバンチャペルでの支援を通して	木村 美菜	102
13	未曾有の震災 辛い体験をしながらも前に進んでいく「第二高松園」のみなさん	森谷 和徳	106
14	被災地で子どもたちと	本多 公恵	110
15	四年間を振り返って	岩田 雅利	118
16	屋敷荘を拠点として	大浦 孝啓	122
17	関わりを続けることが大切	鈴木 信彰	126
18	第2の故郷で出会い、働き、暮らしを通して大切にしてきた「感謝と笑顔」の力	掛川 恵二	130
19	新たなニーズでつながりつづける	山本 あおひ・岩田 雅利	136

資料編

被災地派遣活動報告抜粋(第1期 H23.3.27〜H23.4.12) ……………… 140

執筆協力者……160
編集後記／東日本大震災復興支援記録集編集委員……161

第1章
復興支援チーム5年間の活動

　平成23年3月11日午後2時46分東京でも強い揺れに襲われました。1週間後、東京都社会福祉協議会（以下、「東社協」）の知的発達障害部会では都内会員施設の状況を把握しました。その後、被害の大きい岩手県、宮城県への支援について私たちに何ができるかを検討し、東京都発達障害者支援協会と合同で対策本部を立ち上げ、復興支援の活動を行うことを決めました。この章では5年間の活動概要と合同災害対策本部立ち上げ時に中心となった役員が活動を振り返りました。

気仙沼と東京で生まれた絆、
私たちが大切にしてきたこと

山本 あおひ（やまもとあおい）

東京都社会福祉協議会知的発達障害部会元部会長
（合同災害対策本部立上げ時本部長）
社会福祉法人正夢の会統括施設長

　東日本大震災から一週間後、知的発達障害部会の役員会を招集し各事業所や地域の状況を互いに報告し、部会員である都外施設（都外に所在する都民を受け入れている会員施設）の安否について確認作業を行いました。そして被害の大きい岩手県、宮城県への支援について、何ができるか検討し、東京都発達障害支援協会と合同で復興支援の活動を行うことを決め、その日のうちに準備を始めました。

　震災後、東北地方に何が起こり、現地がどんな状況か想像もつかない中で、3月末には地元に赴き地域の状況調査を行いました。その結果、私たちは被害が大きく支援があまり入っていない気仙沼を支援場所に選び、継続した職員派遣をすることにしました。

支援の歩み

震災発生	平成23年3月11日	東日本大震災発生
初動	平成23年3月14日〜3月27日	東日本大震災東京合同災害対策本部の設置
第1期	平成23年3月28日〜4月12日	気仙沼での支援を開始
第2期	平成23年4月13日〜8月31日	東京から欠かさず職員を派遣

第3期	平成23年9月1日〜 平成25年3月31日	チーム支援から個別支援へ
第4期	平成25年4月1日 〜平成26年3月31日	1年間の出向による職員派遣
第5期	平成26年4月〜平成27年	新たな絆を求めて

初動―東日本大震災合同災害対策本部の設置

　平成23年3月11日は東京でも強い揺れがあり、各事業所はさまざまな対応に追われました。その状況が一段落した3月23日、知的発達障害部会の臨時役員会を開き、同日東京都発達障害支援協会とともに東日本大震災東京合同災害対策本部を立ち上げ、被害のひどかった気仙沼で復興支援を行うことを決定しました。

　まず現地で何が起こり、そこで暮らしている知的障害（児）者はどんな状況なのか知ることが先決と、役員施設を中心としたメンバーでチームを結成し、現地調査に出発しました。短期間の準備であったにもかかわらず職員の派遣や物資、車の調達はあっという間に完了し、活動資金も準備ができました。

　寄付の呼びかけに支援金も続々と集まり、同時に助成金の申請も行いました。車の提供や支援物資、職員の募集にも多くの事業所が素早く対応しました。気仙沼への道は新幹線も通らず、高速道路も被害を受け、ガソリンの給油も出来ない状態でした。加えて福島の原発の状況も定かでない不安定な時期でした。しかし、各法人の対応は早く、私たちは支援者として、被災地の知的発達障害者に向き合うという活動をはじめました。

欠かさず職員を派遣―第1期・2期　気仙沼での支援

　3月28日、第1陣が車に支援物資や食料、ガソリンを積んで支援物資の集積場所である滝乃川学園を出発しました。初日は船形コロニーが私たちの求めに応じて、快く宿泊場所を提供して下さいました。現地視察については岩手県の福祉協会の先導を受けました。まず三陸海岸、気仙沼地区の現地調査を行い、被害状況を具体的に地図の中に落とし込み、流された事業所や残った事業所のマップを作成しました。そして、活動場所を救済の手があまり届いていない、宮城県気仙沼市と決めました。

　活動は利用者の暮らしを直接支えることができるよう、職員の派遣とし拠点となる法人を探しました。気仙沼で入所施設、通所施設、相談支援事業所を広く運営している、社会福祉法人洗心会の第二高松園の施設長のご厚意で、まず入所施設の支援に入りました。第二高松園は多くの地域の被災者や障害者の緊急受け入れをしている中で、私たちの活動に対し深い配慮をして下さり、その後の活動の指針となりました。私たちは入所施設から、同じ法人の気仙沼市障害者生活支援センター（以下支援センター）に活動拠点を移し、長期間の復興支援に入りました。

　急性期には瓦礫の撤去や清掃、支援物資や水の運搬等が主な作業でした。毎日の支援の積み重ねから、少しずつ現地の方々とのコミュニケーションが取れるようになり、支援センターの青野繁清センター長のコーディネートにより支援の依頼が来るようになりました。3月30日からは都外施設である登米市のはんとく苑が、自活訓練棟を派遣職員の宿舎として提供して下さり、毎日40分ほどの時間をかけて気仙沼に通いました。

　支援については、4月から夏まで滝乃川学園の高瀬祐二施設長が常駐し、活動のコーディネーターとなったことで、地域から大きな信頼を得ました。頼まれた支援は断らない「依頼があったらすぐにやる」をモットーに、ニーズに応じた支援活動が実現していきました。

　この間東京では、派遣する職員のコーディネートに奔走しました。3月

28日から8月31日まで1日も欠かさず、6人から8人のチームを送り続け、その数は延べ1,586人となりました。派遣者を出してくれた事業所が、大きな負担を負ってきたことは、活動のスケジュール表を埋める作業の中で、手に取るようにわかりました。

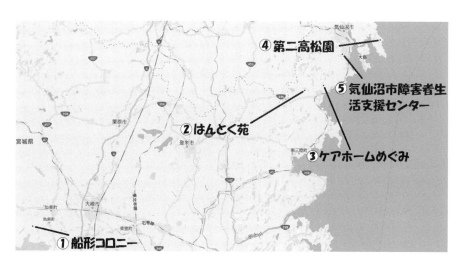

①船形コロニー（宮城県）
　支援初日、第1陣が宿泊場所を提供いただいた。
②はんとく苑（社会福祉法人槃特会）
　1期～2期の間、活動の拠点とした都外施設。
③ケアホームめぐみ（特定非営利活動法人泉里会）
　2期から4期まで継続して支援に入ったグループホーム。
④第二高松園（社会福祉法人洗心会）
　第1期に支援に入った入所施設。洗心会は知的障害者等の総合的な地域生活支援を行っている。
⑤気仙沼市障害者生活支援センター（社会福祉法人洗心会）
　第二高松園の支援が落ち着いた後、第二高松園から紹介を受けて支援に入る。

気仙沼に行き、その惨状を経験してきた職員は、心に大きな傷を受け、何もできない自分に腹を立て、どうしようもない現実に深い悲しみや挫折感を持つこともありました。活動中に東京に泣きながら電話をかけてきたスタッフや、帰ってからテンションが下がらず、饒舌になってしゃべり続ける職員もいました。気仙沼の惨状をどうすることもできない自分を責めたり、悲しみが怒りに変わりどうしようもない思いを周りにぶつけるなど、様々な葛藤を生みました。それに対応して各法人では心のケアや、体験を話す場を設けるなどさまざまな取組みを行ったと聞いています。

　この状況に対策本部では、支援スタッフを中心に、「派遣職員オリエンテーション」を企画し、派遣前の職員の不安感への対応や、危機的な状況が起こった時には自分の身は自分で守る、気仙沼での辛い状況を自分一人のものにしない、チームワークで乗り切る意味について話し合いました。また派遣された職員の体験談やアイスブレイクを使ったチームワークづくり、初めて会う仲間が事前に顔を合わせ、気持ちを一つにする取組みを行い、派遣の継続と職員の安心安全に力を入れました。

　派遣先に赴いた職員と、残って日常を支えた職員のチームプレーがこの活動を支え、後々事業所にとっても大きな力となったように思えます。東京という大きなチームが一体となって、一つの目的に向かうことのすごさを実感しました。

　時間の経過の中で電気、水道、ガスの復旧の目途がたち、道路も何とか使えるようになりました。8月には急性期を乗り越え、これまで行ってきたチーム支援を一旦終了することになりました。

　私たちが活動を続けるにあたっては、現地での多くの方々の協力が欠かせませんでした。特に初日に宿泊の場を提供して下さった船形コロニー、約半年間拠点として自活訓練棟を提供して下さった都外施設「はんとく苑」、活動場所を提供して下さった社会福祉法人洗心会、NPO法人泉里会の存在がなければ、この活動は実現しなかったでしょう。改めて感謝申し上げたいと思います。

つながりを深めて─第3期　チーム支援から個別支援へ

　9月からは気仙沼相談支援センターでの個別支援に活動を移しました。支援者も個別に申し込みを受けて調整し、個人で支援センターに入ることにしました。移動支援時の同行、買物や通院同行、余暇支援、相談や話し相手など利用者の要望に添った支援が中心でした。一方、ケアホームめぐみでの生活支援も継続して行い、大きくはこの二つの流れで、外出や余暇支援も要請に沿って行いました。

　時間の経過とともに活動に参加するスタッフの数は減っていきましたが、リピーターが増え、気仙沼での人と人とのつながりは深くなっていきました。また、スタッフ間の申し送りや連携にも工夫が必要でした。ここで派遣者同士のつながりも生まれ、その後の新しい東京のネットワークも生まれました。

　宿泊ははんとく苑を引き上げ、気仙沼のホテルを拠点としましたが、復興工事関係者の利用でホテルも取れなくなり困っている時に、支援センターのご助力で、市内にアパート「屋敷荘」を借り受け、気仙沼市内に念願の東京チームの拠点ができました。

　平成24年3月、役員会では次年度の支援について話し合い、現地での打ち合わせも行いました。定期的な派遣活動を続ける職員から、「このまま終われませんよ」と言う切迫した声が聞かれたのもこの頃です。気仙沼は1年

間の経過の中で、新たな問題や福祉ニーズが起こっていました。瓦礫の処理が進む海辺は、荒れた広い敷地が広がり復興が見えないまま新年を迎えました。人口の流出も進み、人材の不足も顕著になっていきました。

そして、年度末には「東京合同災害対策本部」を一旦、解散する事となり、平成24年4月の部会役員会で、「東日本大震災復興支援特別委員会」を常設することとし、春の総会で承認されました。この後1年間は支援センターの職員のコーディネートで、個別の生活支援を行いました。必要経費は、「東京合同災害対策本部」に寄せられた支援金から出されました。市内に拠点を持てたことで、地域との距離も近くなり、支援センターから歩いて3分という距離により、活動はより地域に密着したものになっていきました。

地域の一員として―第4期　1年間の出向による職員派遣

平成25年には、職員不足が顕著となり、経験者の中長期での派遣依頼がありました。東京で募集をかけ部会会員の法人からの申し出により、4月から1年間、1名の職員派遣を行いました。派遣された職員は屋敷荘に住み込み、地域の一員として活動を行いました。

一方、この頃より研修の依頼もあり、新任研修や気仙沼地域ネットワークの職員研修も行いました。支援スタッフ部会との合同研修も行い、双方向からの研修が実現しました。会場を復興支援の場であった冠婚葬祭場のアーバンとし、当時の担当職員から震災当初の話も頂きました。

新たな絆を求めて―新しい福祉をめざす仲間として

平成27年、気仙沼は海辺のかさ上げも行われ、地域づくりが進んでいます。地域の福祉も新しい事業所が建設され再出発しようとしています。しかし、課題は多く、まだ仮住まいの支援センターをはじめとして、新たなしくみも必要となり復興はこれからも続きます。

私たちの活動も「気仙沼と東京の絆」という、これまで築いてきた関係の中で、東社協としての役割が支援する側から、お互いの支援の質を高めると

いう関係に変わる時期に入ってきていると感じています。これからは気仙沼と東京が双方向から情報を発信し、新しい福祉に向けてともに進んでいける関係を築いていきたいと願います。決して忘れてはいけないこの大震災が、東京と気仙沼を結び付け、これから東京でも想定される震災に向けて、地域を超えた大きなチームワークを築き、障害がある方がどんな震災にも負けず、地域で自分らしく暮らせるよう力をつけたいと思います。

　激動の時期につくった東京チームの支援は大きな財産となり、これからの東京の福祉を進めていく原動力になっていくことでしょう。

　そして、この支援に関わった皆様に感謝し、改めて震災で亡くなった方々のご冥福をお祈りし、今生きている私たちが、新しい福祉をつくり続けていくことを、心に誓いたいと思います。

　本ブックレットでは、その時の組織としての動き、職員の思いをまとめています。震災をきっかけに、つながった東京と気仙沼。支援という活動の中で互いの絆が深まっていき、私たちは次第に地域の一員として支援を行うようになりました。

　今、私たちの関係性は、"支援する側と支援される側"から、"お互いの支援の質を高める"というものに変わっていきました。

　5年間の経過の中で東京と気仙沼に、新しい福祉をめざす仲間としての絆が生まれています。そしてこの絆はこれからも続いていきます。

復興支援チーム5年間の活動概要

東日本大震災　初動～東京合同災害対策本部の結成	
平成23年3月11日	・東北地方太平洋沖地震発生 ・3月13日開催予定だった「第24回心をつなげる福祉マラソン大会」は中止とした
3月14日	・全会員施設へ被害状況確認依頼をFAX送信 ・都外施設「はんとく苑」(宮城県登米市)は電気・電話の復旧が17日であったため、直接状況を確認できたのは18日(メールにて)。
3月23日	・臨時知的発達部会委員会開催 ・東京都発達障害支援協会と共に合同災害対策本部を立ち上げ、気仙沼で復興支援を行うことを決定。部会長が本部長、東社協事務局が本部事務局となる ・支援先は、岩手県、宮城県を中心とし、支援内容は、①物資、②職員派遣、③避難者受入に分けて検討をすすめた。 ・役員施設を中心としたメンバーにてチーム結成。物資、車の調達、活動資金準備にとりかかる
3月28日	・会員施設宛に合同対策本部より義援金受付について通知
3月29日	・会員施設へ被災地への職員派遣の際に持参する救援物資の受入れについて通知

1期・2期「東日本大震災東京災害合同対策本部の結成から気仙沼での支援」	
1期 平成23年3月28日 ～ 4月12日	・3月28日、国の派遣要請が出ない中、合同災害対策本部として第一陣を宮城県へ派遣。宮城県船形コロニーが宿泊場所を提供してくださる ・現地視察：岩手県福祉協会の先導により実施～三陸海岸、気仙沼地区の現地調査を実施 ・第一陣の活動により、職員派遣を気仙沼にて入所、通所、相談等広く運営をしている「社会福祉法人洗心会」を窓口にすすめ、まずは第二高松園に支援に入った ・活動(宿泊)拠点は都外施設「はんとく苑」とした ・平成23年3月末～4月中旬は、核となれる経験ある職員を派遣した ・3月30日、会員施設宛の派遣可能職員に関する調査を実施 ・会員施設宛の派遣可能職員に関する調査回答者を含めた派遣を開始 派遣者：1チーム4～8名　計23名

2期 平成23年4月13日 〜 8月31日	・派遣当初は、十分なオリエンテーション等を行う間もない派遣決定となったため、待ち合わせや持ち物等の連絡を、派遣直前の状況を踏まえて役員で個別に行っていた ・1チーム6人〜12人、1チームの派遣日数を6〜8日間として、派遣№34まで施設職員を派遣し、急性期を支援した。 ・派遣職員は1か月ごとに会員施設宛に募集し、決定した派遣者へのオリエンテーション（5/7,5/18,6/22,7/19）を行なった ・現地コーディネーターとして、滝乃川学園高瀬氏を長期派遣 ・洗心会に挙げられた支援ニーズに対応するため、下記のとおり、洗心会以外の支援先についても支援を行なった 　支援先：第二高松園、高松園、松峰園、夢の森、ひまわり、気仙沼支援学校（障害児の送迎）、アーバン（障害者雇用先企業）、ケアホームめぐみ、みのり（通所施設）。8月は伊里前小学校、志津川小学校をお借りして障害児のための夏休みこどもクラブを実施した ・8月末にて合同災害対策本部によるチームを組んでの派遣は終了。 ・社会福祉法人洗心会からの要望により、少人数での気仙沼相談支援センターへの派遣を継続することになった	
	派遣者：1チーム6〜12名　計208名	
3期「チーム支援から個別の支援へ 　　　　　新たな決断　東日本大震災復興支援特別委員会」		
平成23年9月1日 〜 平成25年3月31日	・平成23年9月より、気仙沼相談支援センターでの個別活動に移す。 ・活動拠点を気仙沼のホテルにおき、その後市内にアパートを借り、東京都チームの拠点とした ・平成24年3月14日、合同災害対策本部が『「絆の会」報告会〜被災地の今とこれから〜』を開催し、平成23年度の活動の振り返り及び今後の活動について考える機会となった ・平成24年4月23日、知的発達障害部会役員と洗心会等気仙沼の支援先とで24年度の支援活動について打合せし、支援を継続する方向とした。 ・平成25年3月31日まで、希望者を募集して洗心会を中心とした気仙沼への職員派遣を継続した ・「東京合同災害対策本部」は平成24年度で解散し、知的発達障害部会に特別委員会として「東日本大震災復興支援特別委員会」を設置。新たな使命に向かって支援を開始	
	派遣者数：1日1〜4人　計139名	

4期「1年間の出向による職員派遣」	
平成25年4月1日 〜 平成26年3月31日	・平成25年度からは、先方より経験者の中長期での派遣依頼があり、1年間1名の職員を「ケアホームめぐみ」へ派遣し、地域の一員として活動した。 ・研修依頼もあり、新任研修、気仙沼地域ネットワークの職員研修、利用者支援研究会との合同研修も実施した。
派遣者数：1年間1名	

5期「新たな絆を求めて」	
平成26年4月 〜 平成27年	・支援センターとのこれからのつながりについて検討に入る。 ・気仙沼と東京の築いてきた関係の中で、東日本大震災復興支援特別委員会が中心となって、今後東社協としての役割を委員会の中で検討し始めた。

派遣実績

①知的発達障害部会による社会福祉法人洗心会への職員派遣
　（〜平成23年8月31日　チーム支援）

	人数　＊複数回派遣による重複あり	のべ人数
施設職員	231人　＊役員の派遣を除く	1,586人

②知的発達障害部会による社会福祉法人洗心会等気仙沼への職員派遣
　（平成23年9月1日〜平成24年3月31日　個別支援）

	人数　＊複数回派遣による重複あり	のべ人数
施設職員	62人　＊役員の派遣を除く	259人

（平成24年6月23日〜平成25年3月31日）

	人数　＊複数回派遣による重複あり	のべ人数
施設職員	77人	337人

③知的発達障害部会による福島県の障害者施設の県外避難先への職員派遣

	人数　＊複数回派遣による重複あり	のべ人数
施設職員	33人	231人

第2章
気仙沼を支えた方たち

　社会福祉法人洗心会第二高松園、社会福祉法人洗心会気仙沼市障害者生活支援センター「かなえ」、特定非営利活動法人泉里会ケアホームめぐみ、宮城県立気仙沼支援学校、社会福祉法人槃特会はんとく苑、アーバン株式会社の方々のご理解とご協力をなくして東京チームの復旧活動ははじまらなかったといっても過言ではありません。この第2章では、気仙沼の仲間から見た復旧活動の様子を振り返っていただきました。

判断、そして決断

熊谷 眞佐亀（くまがいまさき）
社会福祉法人洗心会第二高松園施設長（当時）

　震災から5年が経過し日々変わりゆく町並みに戸惑いと、遅々として進まない工事に苛立ちを覚えながら業務に当たっております。さて、この度の東日本大震災についての執筆にあたり、当時の記憶が薄れていく中（封印しているのかも）、記憶の引き出しを開けて当時のことを振り返りたいと思います。
　心の奥底の引き出しを開けると、不思議なことに当時の状況より、たくさんの方々に支援していただいた記憶が鮮明に思い出されます。

震災当日

　私は当日、精米をする為市内の大型商業施設におりました。車に乗り込むためドアに手をかけた瞬間、大きな揺れ（昭和53年の宮城県沖地震をはるかに凌ぐ）を感じました。店舗内からは悲鳴が聞こえ、玄関から逃げまどう人たちがあふれ、建物は大きく揺れ、アスファルトの駐車場は波のようにうねる状況をみて、施設の利用者さんや職員は大丈夫か？怪我人が出たのでは？との不安に駆られ、余震が続く中で車を走らせました。海岸沿いの道は危険と判断し、内陸側の道路を走りながらラジオのスイッチを入れました。「大船渡に5mの津波到達」との放送、直後に巨大な津波に警戒するようにとの放送がありましたが、津波の大きさは私にとって想像の域を遙かに超えておりました。信号が止まり、恐怖に怯えて立ち往生する車を横目に30分

程で施設に到着して振り返ると海に浮かぶ島が津波に飲まれ全く見えなくなり、何事が起きているのか理解するのに時間を要しました。

施設内では普段、訓練ではほとんど逃げ出さない利用者さんが一次避難どころか二次避難で全員が乗車し暖をとっていました。

職員へ「怪我人はいないか？」「全員無事です」との返事。

建物の状況は「わかりません」とのことで、すぐ建物内の安全を確認し、余震を警戒しながら利用者を居室内に戻し、できるだけ暖かくして待機するようにとの指示を出しました。その後、職員を集め情報収集と対応策について検討しました。

検討結果については車両はできるだけ使用しないこと、水については節水すること、指示系統については地震防災隊編成表に基づくことを確認しました。当日の状況についてはとにかく情報が錯綜し確実な情報が得られませんでした。

震災翌日

ラジオでは南三陸町・陸前高田市は壊滅状態と繰り返し放送されておりました。当時、施設職員や給食委託業者の中には陸前高田市在住の方が多数おりました。職員の中には泣き出したり精神的に不安定になる人も多く、利用者への影響がかなり大きいと判断し、対策を検討しました。陸前高田市までのルート情報をかき集め、同市入りを決断しました。まだ燃えさかる鹿折地区から山越えし、どうにか陸前高田市に入ることができました。各避難所に職員をおろし、状況を確認後、施設に戻れる状況になり次第出勤するように伝え、急いで施設に戻りました。

安否確認

各職員と家族の安否を確認し、職員の心理状況に配慮しながら業務を進めていきました。また、利用者については内陸側の利用者や、受け入れ可能な方に受け入れをお願いすべく家族との連絡調整をしました。これはとても難

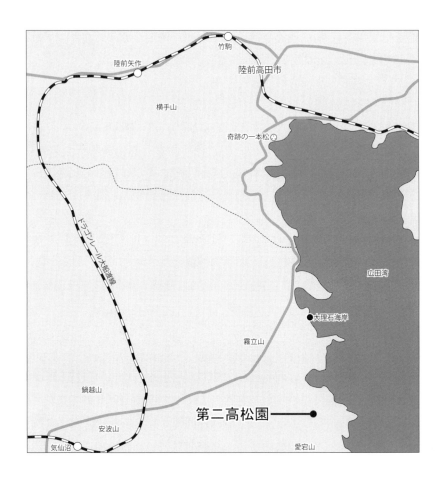

儀しました。その理由として個人情報保護法の関係で家族会での名簿の作成を取り止めていたことにありました。各地区の父兄同士の連絡が出来ない状況にあり、所在がつかめなかったことが一番大変でした。やむなく公用車にて各地区の避難所を回り情報収集につとめ、最終的に全員と連絡がとれたのは震災から2～3日経過してからでした。

ボランティアの受入

　柴田先生と東京支援チームが夢の森に来所し洗心会への支援について話し合いがなされました。この時、各施設の施設長は受入れに対し消極的でした。何せボランティアに関しては風土的にあまり馴染みがなく、お客様の受入的な感があったからです。私自身も同様でありましたが、今後のことを考え受入れることを決断しました。

　実際受入れるにあたり、職員から「この大変な時期になぜ？」とかなりの抵抗を受けました。第1班の方々にはせっかくきていただいたのにお客様扱いをしてしまい大変申し訳なく思っております。第2班が来園するに当たり、職員を集め今回の受入を決断した理由と「もっと気を楽にもって仲間の受入れをしましょう」と話しました。この時から職員に変化がみられ、気軽に手伝いをしてもらうことができるようになりました。

　また、受入れにあたり私が心がけていたことが2点ほどあります。

1点目は各班の方々に被災地を案内することでその心情を理解していただき支援にあたって欲しい旨と「頑張って下さい」との声掛けは避けて欲しい事でした。2点目は施設内で気付いたことは積極的に意見を述べて欲しいことでした。

　実際ある班から入浴支援について気づきを話してもらい改善することができました。

転換期

　第二高松園の状況も落ち着きを見せた頃、地域や他法人で支援が必要との情報を得て、受入窓口を第二高松園から夢の森そして支援センターへと移動して行きました。この時強く感じたことはボランティア受入にあたってはコーディネートの必要性が大切だと思いました。

終わりに

　当地域は「地震があったら津波に用心」と刻まれた石碑があります。しかしながら今回の地震のように誰しもが想像を超えた災害には判断できないことがわかりました。また、「津波てんでんこ」といった言い伝えがあります。津波が来るときは老若男女を問わず自分の命は自分で守らなければならいという教えです。

　今回の震災において「だったら…」「…ならば」と言って起きてしまったことを責めてしまうことがありますが、すべて結果論でしかありません。

　今回の震災の教訓として、常にその冷静な判断力と決断力を磨いていくことが大切であることを実感しました。

第2章 気仙沼を支えた方たち

震災後の歩みと現実、そしてこれから

青野 繁清（あおのしげきよ）

宮城県気仙沼市障害者生活支援センター
障害者就業・生活支援センター「かなえ」センター長（当時）

　防災無線が鳴り響く中、事業所にいた全員がなんとか屋上にたどりつきました。市内の多くの事業所が被災し、震災前に障害者雇用を引き受けていただいた事業所も事業再開の見通しがつかない状況でした。そんな時、全国各地から来てくださったボランティアの方や、東京の障害者支援施設の職員からなる「東京支援チーム」に支援して頂きました。その熱意と行動力は折れていた事業者のこころを前向きに変えてくれ、事業所再開と障害者雇用も継続されることになりました。

大津波を目の当たりにして

　地震の時は、研修の最中でした。支援センターから車で7～8分の地域水産振興センターの2階で講義を受けていたところすごい揺れを感じました。はじめはテーブルの下に潜りましたがなかなか揺れがおさまらず、這うようにして受講者全員屋外へ飛び出しました。元々その場所は海を埋め立てて建物を建設したところなので、屋外の駐車場が地割れを起こし液状化現象から水が湧き上がってきました。揺れがおさまり一旦研修室に戻りましたが、室内は資料等が散乱し、停電にもなっておりましたので研修中止となりすぐに事業所へと引き返しました。途中多くの方たちが集団で高台へ避難をはじめていたところとすれ違いました。事業所へ戻ったのが午後3時10分ごろ。

事業所は気仙沼市の福祉センター内の3階にあり、1階の玄関前には他の事業所のスタッフや近隣の非難された住民の方含め200名ほどが集まっておりました。

　ほどなく防災無線が鳴り響き、6メートルの大津波警報が出されましたと何度も繰り返し流されはじめました。のんきに待機している場合ではない空気が流れ、全員で3階建ての建物の屋上へ移動をはじめました。最後尾で老人の方の歩行を介助していたところ、頭上から誰かが「津波が来るぞ」と大声で叫びました。2階から3階への階段を昇っていたときで、ガラス越しにまるで映画のような映像が目の前に迫ってきました。木造の家屋がぎしぎしと音をたて流され、さっきまで駐車場に止めていた数十台の車がオモチャのようにぷかぷか浮かんでは流され、車のドアノブに掴まっている人ごと視界から消えていきました。足下ががたがた震え、老人を押している手の力が抜けていくような感覚にとらわれました。夢でも見ているのではと何度も思い返しておりました。津波の勢いはおさまるどころではなく、建物ごと流されるのだろうと覚悟を決め、これで人生終わるんだなとぼんやり頭をよぎりました。それでもなんとか全員が屋上にたどり着き周りを見下ろすと、辺り一面が海となっておりました。そちこちから火の手が上がり、黄砂（こうさ）のような煙が立ちこめておりました。小雪がちらつきはじめ寒くてどうしようもないことと、浸水が2階止まりだったことが幸いし、屋上から3階へ移動し、その夜は一晩過ごしました。幾度となく余震に見舞われ、周りでは爆音とともに赤く燃え上がる建物火災を目の当たりにしながら、全員が家族の安否に思いを馳せながら眠れぬ夜を過ごしたのです。

東京支援チーム活動のすごさ

　翌日は地元の消防団の方や東京消防庁の方々の支援を受け、夕方までには全員避難所へ移動することができました。一旦はスタッフそれぞれの家族状況を確認するため別れ、安否確認がとれたスタッフから順次、利用者状況の確認に動きはじめました。市内の多くの事業所は被災しており、それぞれ雇用されていた利用者さんたちは、解雇もしくは、休職の通達が言い渡されておりました。そんな中震災前に4人の障害者雇用を引き受けて頂いた事業所も2階建ての建物の一階が天井近くまで浸水し、被災しました。建物内部まで瓦礫が散乱し、従業員の方でその片づけをしているときに訪問させて頂きました。事業再開も危ぶまれ、障害者の継続雇用もままならないかもしれないとお聞きし、何か手だてはない物かとスタッフで話し合いを致しました。そんな折、全国各地から数多くのボランティアさんが気仙沼に来ており、中でも当センターに東京の障害者支援施設の職員からなる「東京支援チーム」が支援にあたって頂くことになり、さっそくその事業所の現状についてご相談したところ、二つ返事で東京からスタッフと洗浄機材等を持ち込み、約3ヶ月に渡って瓦礫撤去の支援をして頂きました。

　スタッフはほぼ一週間交替で6〜7人体制で継続的に支援し、当事者の方々も一緒に作業に加わりました。その熱意と行動力のおかげで、瓦礫撤去もスムーズに進み、折れていた事業者のこころを前向きに変化させ、事業所再開と障害者雇用も継続されることになりました。翌年にはその事業所が冠婚葬祭関係だったので、ボランティアとして働いた東京の施設職員がその事業所のチャペルで結婚式を挙げるというエピソードもありました。

現実そしてこれから

　震災後、年々個人における環境等の格差を感じることによって、自分自身を追い込んでしまうメンタル面の弱さが見られるようになっている気がします。私たちの基本は対人援助そのものです。できる限り、本人のメンタル面

を含めた、本人像の的確な把握などをしっかりと見極めながら、本人と丁寧に関わっていきたいと考えております。ただ一つ気になることは、我々自身を含めてですが、支援者が年を追うごとに目には見えない疲労感が増してきているのではないかというところです。震災直後から3年目あたりまでは、無我夢中で駆け抜けた感がありました。しかし、4年目ともなると共有する仲間たちにも少しずつ疲れの気配を感じられるようになり、本当の意味での正念場はこれから先に出てくるような気がします。

　まずは、私たち支援者が精神的にも体力的にも健康でいることが非常に大切なことなのではないかと痛切に感じております。かつて同じ支援者でありながら、自死を選んでしまった方や、鬱的症状に悩まされている方、そのような仲間がこれ以上増えないことを祈りつつ、もうしばらく地域の復興を見守っていきたいと願っております。今回はこのような機会を頂きまして感謝申し上げます。

3 震災を経験して

菅原 満子（すがわらみちこ）
特定非営利活動法人泉里会ケアホームめぐみ
サービス管理責任者（当時）

最後までお世話になった故・森谷前理事長からの最期のメッセージとケアホームめぐみへの支援を続けてくれた東京支援チームの活躍について

理事長との別れ

　平成27年6月5日、この原稿依頼のため、東京都社会福祉協議会知的発達部会の山本さん、岩田さん、そして青野センター長と一緒に森谷前理事長宅へ向かいました。森谷氏は一昨年から体調を崩されており、私たちが訪ねた時はベッド上で酸素吸入を施されておりました。
　「東京の皆さんに、本当にお世話になったのに、…こんな身体になってしまって、何にも恩返しできず、すみません…。10日の理事会で…後任者に引き継ぎしたら、私は泉里会を辞めますから…」
と途切れ途切れ、息を吐き出すのも苦しそうに話されました。そして、
　「…私は自分の命と引き換えにホームを再建したと思ってるんです…。」
と仰いました。その日から僅か9日後の6月14日、森谷氏は永眠されました。
　森谷氏には、めぐみ退職後も私の近況を気にかけ、何度か連絡を頂いておりました。最期にお顔を拝見した折も有難いお言葉をたくさん頂戴し、随分と痩せてしまいましたが、変わらない穏やかな細い目をさらに細めて、めぐ

みでのさまざまな出来事をゆっくりと思い出しながら話しているようでした。お話を語り終えると短い原稿を頂き、私たちは自宅を後にしました。
　…それから本当に、間もない訃報でした。
　最後に逢うきっかけを与えて頂いた山本さん、岩田さんにこの突然の訃報を知らせると、直ぐに掛川さんが東社協知的発達障害部会を代表し気仙沼へ駆けつけ、森谷氏とのこの世での最後のお別れに参列してくださいました。

東京支援チームの活躍

　気仙沼や南三陸町では急激に変化し続け、本当に目まぐるしい４年間でした。
　震災後まもなく物資を持って駆けつけて下さったのが、私はずいぶん後になってそれが東京支援チームだったと知りました。その後の人材派遣の皆さんの活躍を、めぐみの玄関に掲示していた写真とともに思い出します。支援学校の送迎を依頼した時の迅速な動きとチームワーク、子どもたちと遊びに行ったモーランド、震災後初めて行った高田松原の光景。
　そして、震災中の補助金で行っていた移動支援も本当に楽しかった。これも支援チームが大活躍でした。気仙沼と南三陸町を一日に何度も往復するのは腰が痛くなり大変でしたが、海産物を頂いたり、お茶を飲んで世間話をしたり利用者さんの家族との温かい触れ合いがありました。と同時に人との関わりの儚さも感じました。

イチゴハウスの煌めいた思い出

　親しくしていた人がまるで全く知らない他人のように見えた時もありました。そしてお世話になった方々が、知らぬ間に「自死」という道を選んで、逝ってしまいました…。
　めぐみが創設してわずか３年目の震災でしたから、立ち上げに奮闘しあっという間に時が過ぎ去りました。幻となった中島ホームやイチゴハウスは写真すらありませんが、私の中にはっきりと残っています。私は収穫した苺を

皆さんと一緒に食べるのが、本当に大好きでした。

その頃森谷組で就労していたＴ君の仕事を作るために、「苺を栽培したい」と森谷氏から話されたとき、大賛成し森谷氏の思いやり優しさに感動し、泉里会で働けて本当に良かったと心から思いました。収穫期には、小さな部屋の中で森谷理事長の奥さんがたくさんの苺に囲まれ、一個一個やさしく丁寧に磨き、パック詰めしておりました。その部屋に入ると、まるでクリスマスケーキに囲まれているようで、私はとってもワクワク嬉しい気持ちになりました。それらの感覚を思い出すと今でも自然に元気になります。

売り物にならない苺はホーム行き。Ｓさんがお喋りしながら器用に包丁でヘタを取る傍で、「あーむ！」とつまみ食いするＭさんの姿、そしてそれを見て笑う皆の笑顔。その苺を息子と一緒に支援学校に売りに行った時の、先生方の励ましの言葉と、息子の誇らしげな顔。そのイチゴハウスが中島ホーム諸共すっかり流され、もちろん人の命には代えられませんが、私にとっては等しい価値がありました。

まだ物資がなかった頃、最後の１パックを皆でモソモソと食べました。何とも言えない、悪い夢を見ているような現実に、皆あまり言葉を発せず、それぞれの不安を抱え食べました。あっという間に挫かれてしまった働きでしたが、こんなにも楽しかった時の思い出は煌きを放ち残っています。

そして今は…

　そしてそれらの思い出に心巡らす時、私はもう一度、頑張ってみよう、という気持ちになるのです。

　気仙沼の行く末を不安にさせる出来事が次々とある中、幸い私は「気仙沼市障害者生活支援センター」という心休まる、信頼できる場所で働く機会を与えて頂きました。センター職員の皆さんから学ぶことは多く、以前の自分の未熟な支援に気付かされます。

　市内の事業所は震災の影響を根深く受け、センターの役割である「つなぐ」業務に影響が出ております。センターは他市町村と比べ、比較にならないほど一般相談で迅速に対応しているのに、計画相談もほぼ100％達成したのには本当に驚きました。その上、他市町村からの計画相談の依頼にも快く応えていますが、実は職員の力量に頼るところが多く、人員ギリギリで毎日をこなしていたのを、中に入ってはじめて知りました。

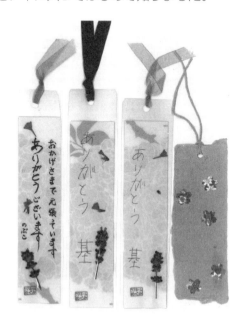

せめて、遠方の事業所へ足を運ぶのが、いくらかでも軽減されるといいのに…と思います。資源の少ない気仙沼の実情がセンターの大きな負担になっていることは否めません。自分ができることは微々たるものですが、開所当初から現在に至るまで、めぐみを応援していただいている恩をいつまでも忘れず頑張りたいと思っています。
　めぐみ退職後は東京支援チームとの繋がりも絶たれるのが心配でしたが、センターにいるおかげで気仙沼に来られる東京の皆さんと会えるのが一番うれしいです。それぞれの事業所の様子や変化、うれしい報告など、何でも良いから土産話を持って遊びに来てください。それがこれからの私たちの励みと大きな力になると思います。

~ケアホームめぐみより届いたお手紙~

東社協・支援協議会の皆さん、ご無沙汰しております!お元気ですか?
もうすっかり秋めいてきましたね。
こちらは夏休みほどではないにしろ、時折こども達の利用もありプレハブに宿泊されているボランティアさんとは、食事や土日祝の関わりを通して交流させていただいています。
東京では台風の被害は大丈夫でしたか?
こちらも国道45号線は海と一体化し、田中前町全体に避難勧告が出て怖い一晩を過ごしましたが、今日は台風一過、とても爽やかな秋晴れです。
時折、皆さんと過ごした毎日が懐かしく思い起こされ、ふと寂しくなるときもあります。
でも、東京に戻られお仕事を頑張ってらっしゃると思いながら、ささやかではありますが、お礼のしおりをホームの皆さんと一生懸命作りました。
書いた利用者さんの名前入りですので、顔を思い出しながら受け取ってもらえるとホームの皆さんも喜ぶと思います。

また、いつかお会い出来る日を願いつつ、東北の地に義を積まれた皆様の上に
多くの祝福が降り注ぎますよう心からお祈りいたします。
2011.9.23
特定非営利活動法人 泉里会 ケアホームめぐみ
サービス管理責任者 菅原満子

東京支援チームの皆さんとの4年間を振り返って

熊谷 勝市(くまがいしょういち)
気仙沼市障害者生活支援センター主任(当時)

災害発生時の状況とその後。東京支援チームの方々との出会い。それから我々支援者自身も実にさまざまな形での支援を受けながら、現地でともに協働させていただいたこの約4年間を、今改めて振り返ってみたいと思います。

震災当時を振り返って

あの日。私は、精神科病院に入院中の利用者さんの外出支援で、病院のワーカーと看護師、それから同僚とともに利用者さんの自宅に行っていました。途中、別件ででかけ、再度その方のアパートに戻り車を止めた瞬間でした。車が左右にグラグラ揺れ始め、外では電柱が大きくしなっているのが見えました。間もなく住民の人たちが外に飛び出してきて、皆フェンスにしがみついていました。今までに経験したことのない、強く長い揺れでした。揺れが少し弱くなった頃にアパートの中に入ってみると、皆で裏庭に出てしゃがみ込んでいました。そこからすぐに、車で市内の山手にある病院へ戻りました。道中、停電で信号も消え、渋滞がはじまっていました。なぜかラジオはしばらく無音に。防災無線は「6メートルの津波が来る」と叫び、それが間もなく「10メートル」に変わり、これまで耳にしたことのないサイレンが鳴り響いていました。「ただ事ではない」感じが漂い、5人が乗った車内はほぼ無言のまま何とか病院へ到着しました。

病院で3人を降ろし、同僚とその近くにある2つの通所施設に寄りました。利用者さんが無事だということを確認した後、そこから支援センターまでは若干距離があるため戻れないと判断し、まずは私の自宅へ向かうことにしました。私の家は海沿いにあるのですが、高台だったため津波は2メートル程手前で止まり被災は免れました。自宅に到着した時には既に津波が押し寄せた後で、引き波に変わっていました。多くの家屋が、外洋に向かって流されていくのを目で追っているしかありませんでした。やがて雪が舞いはじめ、「ドンッ！ドンッ！」と爆発音が鳴りだして、日が暮れるに従って発生した火災で空が真っ赤に染まっていきました。

　連絡が取れない家族、センターの職員や多くの人が無事であるようにと祈りながら、夜が明けるのを待ちました。青野センター長と再会でき、他の職員も全員無事であると分かったのが2日後の朝でした。支援センターがあった鹿折地区の避難所となっていた、中学校の体育館です。安堵したのも束の間、その時の体育館の中の光景が今も忘れられません。寒く薄暗い館内に溢れそうなぐらいの人、人、人。床に寝かされ唸ったような声を発している老人たち。悪臭を放った泥にまみれた状態でその脇を通る人や、忙しなく走り回る小さな子ども達。決して大袈裟ではなく、私にはそこが「地獄絵図」の世界と重なって見えました。それからはもう、まずは動くことで少しでもこの状況が改善できたらと、必要とされることには他の職員とともにすぐに駆けつけ対応してきました。

東京支援チームとの出会い

　しかし、日を追うごとに舞い込む仕事の量が増える一方で、非常時のためさまざまな活動の制限があったり、悲しい知らせに接したりする中で、心身ともにそれまで味わったことのない疲弊感を感じていた時期がありました。そんな中、被災した支援センター内から荷物を運び出すという日、東京支援チームの方々と出会いました。最初にお会いしたのが高瀬さんと掛川さんです。高瀬さんはこちらのかなり難しいお願いや相談にも、いつも「わかりま

した～」と笑顔で応えていただき、大きな安心感と元気をもらいました。私と同世代の掛川さんとは、荷物を運びながら色々と話をしました。「現地の人の生活や気持ちを考えていたら、昨晩は涙が止まらなくなって…」と話され、東京でこれほどまでに被災地のことを考えてくれている人がいたということを知り、感動を覚えたのと同時にその想いに本当に頭が下がりました。

　さらに数日後、光ケ丘保養園にて発達外来を担当していた新階医師と、東京支援チームの役員の方々との面談に同席させていただきました。私自身は全く意識してはいなかったのですが、のちに山本さんから「あの時の気仙沼の人たちの表情が、東京に帰ってからも忘れられなくて。この人たちの笑顔を見られるようになるまで支援を続けると決めたの」と話された時には驚きました。それから長期に渡り、東京都のみならず都外施設からまで多くの職員の方を派遣していただきました。支援学校へ通う児童の移送支援、避難所への訪問、被災に伴う各種手続きや通院支援、ゴミ屋敷の片付け、仮設住宅への引っ越し等、数えたらきりがありません。そのような利用者支援はもちろん、一緒に行動する中で私たち支援者自身にとっても大変心強い支えとなっていただきました。今でも気仙沼を気にかけて連絡をいただく方や、こちらでよく話題に出る方などがいらっしゃいます。当時は余裕がない状態だったので仕方ありませんが、今にして思えば支援に来ていただいた皆さん、お一人お一人の名簿を作っておけば良かったという話にもよくなり、それが悔やまれるところです。

おわりに

　平成25年度、アーバンを会場に「気仙沼合同勉強会」が開催されました。山本さん、岩田さんとその打ち合わせをしていた時のことです。山本さんか

ら「2年ちょっと経って、やっとお互いに福祉の話ができましたね。」と満面の笑みで話された時、何とも言えない嬉しい気持ちになり、そのことが強く印象に残っています。私個人の感覚で恐縮ですが、今日の福祉は良くも悪くも複雑になり過ぎた感じがしています。気仙沼ではそこに災害も加わり、それまでは目の前の仕事をこなす事に追われて時間が過ぎていました。生きづらさに直面している人を支える。「人が人を支える」という福祉の原点を、東京支援チームの皆さんと出会ってからの4年間で再確認させてもらうことができました。皆さんからこれまで受けてきた恩恵や学ばせてもらったことは、簡単には言い表せませんし理屈では語れません。福祉という同じ仕事に携わる仲間が、遠く東京でも頑張っていてこちらとつながってくれている。そう思うだけで日々、利用者さんと関わっていく上での大きな励みになっています。これまでご支援いただいた全ての皆様、改めて本当にありがとうございました。

　そして、これからも宜しくお願い致します。

ご支援いただいた全ての皆様へ感謝

谷村 明信 (たにむらあきのぶ)

アーバン株式会社社長

　東日本大震災後、弊社アーバン株式会社に対する皆様方からのご支援に心から感謝申し上げます。障がい者雇用の皆へのケアに止まらず、津波で被災した弊社施設復旧へのご支援、さらに津波を被った重要書類の清掃、草刈り等の雑用までありとあらゆる業務を長期間に亘って多くの皆様にご支援いただきました。本当にありがとうございました。おかげ様で現在では全施設も復旧し、決して順風ではありませんが前を向いて仕事ができる日々を過ごしております。心から御礼申し上げます。

震災当日

　発災当時、弊社には3人の障がい者雇用の社員がおりました。調理部と葬祭部で主に裏方の仕事に従事していただいておりました。あの日津波で被災することになる本社と結婚式場は一件の御法事が終わって、館内にお客様が誰もいない状態でした。そしてあの時、今まで経験したことのない大きな、長い長い揺れに、直感的に急いで避難しなければと思いました。近くの気仙沼市立病院について数分後、全てを押し流しながら津波がやってきました。目の前で起きている事が現実なのか信じられないなか、見ていることしかできない無力感を感じながらも、次は何をしなければならないか「冷静に考えろ」と必死に自分に言い聞かせていました。

膨大な量の仕事を黙々と

　はじめの数日間を無我夢中で過ごし、支援部隊の皆様にお出でいただいてからは、障がい者雇用のみんなのケアをしていただけて大変助かりました。正直、細かい心配りまではできない状況でしたので、しばらくの間自宅待機をお願いしておりましたが、津波で被災した結婚式場の片付けが本格化してくると、障がい者雇用のみんなも、そして支援部隊の皆様も一緒にガレキ撤去と掃除にあたっていただきました。物凄い量のガレキとヘドロの掃除を一生懸命していただきました。余震も頻発し、津波注意報が出る度に中断しながらも、黙々と作業をしていただきました。

　本社の掃除がひと段落した後は、津波で被災した書類の掃除、整理をお願いしました。弊社の性質上、津波に浸かったお客様の個人情報の書類がかなりの量ありましたが、震災で亡くなられた方々の対応で社員の手が足りず、その清掃と整理のほとんど全てを支援部隊の皆様にお願いせざるを得ない状況でした。一枚一枚めくっては砂埃を払い乾かす。そんな地道な作業を暑い時も、雨の日も黙々と行っていただきました。大変助かりました。あの書類は弊社の書類庫に大切に保管しております。その他にも高圧洗浄機での清掃、会館備品の清掃、さらには草刈りまで本当に何でもやっていただきました。何班にもわたって長期間、多くの皆様に遠く気仙沼までお越しいただき感謝申し上げます。皆様の御支援がなければ、弊社の復旧はもっと時間がかかっていたことは間違いありません。有難うございました。

被災地から復興地を目指して

　おかげ様で、津波で被災した結婚式場も、本社屋も復旧させる事ができました。震災当時のメンバーと全員同じではありませんが現在も6人の障がい者雇用のみんなが働いてくれております。彼らは大事な会社の戦力であり、ムードメーカーでもあります。彼らの成長を感じながら、一緒に働いている社員の人間性も成長していると感じております。社会貢献とか大げさなことではなく、雇用を通じてみんなの自立を少しでもお手伝いできれば幸せだと思っております。

　そして、世界中の皆さんからご支援をいただいて、せっかく苦労してまちを作り直すのですから、震災前より住みよい、小さくても素敵なまちにしたいと思っています。障がいを持っている人も働ける場所があり、お年寄りも子ども達も笑顔で暮らせるまちになるように仕事を通じてお手伝いができればと思っております。いつか気仙沼に、三陸に遊びに来てください。景色がどのように変わったか。まちが、人はどんなか見に来てください。皆様からの御支援に心から感謝いたします。本当にありがとうございました。

障がい者雇用の方も一緒に作業

再開後に行われた結婚式の様子

東京の復興支援チームによる送迎支援で通学可能となる

西脇 正彦（にしわきまさひこ）

宮城県立気仙沼支援学校校長（在職期間H22.4～H25.3）

　気仙沼支援学校は山側にあったため津波の影響はなく、大きな被害はありませんでした。下校中だった４台のスクールバスも引き返すことができ全員無事。しかし、28名の子どもたちを保護者に引き渡しができず、学校で避難生活をすることになりました。全員の引き渡し完了は８日目でした。学校再開で一番問題となったことはスクールバスの運行が確保できないことでした。小泉大橋・歌津大橋の倒壊で道路が遮断し、歌津・志津川コースのスクールバスの通学路は回復の見通しがつきませんでした。そんな状況下、東京の復興支援チームから児童生徒の送迎の話があり、学校再開の目処が立ちました。

スクールバス、無事学校に戻る

　平成23年３月11日　14時46分　地震発生。揺れがとてつもなく長く続きました。下校のバスは14時40分頃に出発し、校内では放課後支援を利用している十数名の児童生徒が各施設の車を待っていました。長い揺れがおさまり、残っていた児童生徒は怪我もなく、教室の棚等から物が落ちて床に散乱するものの、ガラス一枚も割れることはありませんでした。

　スクールバスから学校に戻るかどうかの連絡が入り、教頭・主幹教諭と相談し、即戻るよう指示しました。児童生徒はバスの中で暖をとり、保護者の迎えを待つ。保護者に連絡を取り学校に迎えに来るよう伝えました。しかし、

電話連絡が途中でできなくなりました。18時過ぎにはバスの燃料も少なくなったため、学部ごとに校内の教室3部屋に移動。保護者への引き渡しができなかった児童生徒29名でした。

【3月11日出欠状況】

	小	中	高	計
在籍	24	20	39	83
欠席	2	2	3	7

＊児童生徒の安否確認は3月12日より開始。

引き渡しができなかった児童生徒のライフラインの確保

　児童生徒の保護者引き渡しと同時に、引き渡しができない児童生徒の避難生活の準備をしました。まずは、水、食料の確保に当たりました。当日の夕方に2台の車で食料の買い出しを行い、運良く食品の卸問屋から菓子パン、カップラーメン、チョコレート、菓子など10万円相当を確保。給食用の米が30kgあり当日の夕飯としておにぎりを準備できました。受水槽の水は限られており、雪を溶かしてトイレ用の水としました。2日目以降は断水していない地域へ出向き飲料水を確保しました。電気は病院が隣にあったため、3日目の23時頃に回復しました。水道の回復は10日以上かかりました。それまでは職員による水の調達、自衛隊による受水槽への給水活動、クロネコヤマトからの水の支援などでやりくりをしました。暖房は、3台の石油ストーブ、寝具20組でしのぐことができました。予想外だったのは、児童生徒がパニックになることなく落ち着いていたことです。小学部時代から校内宿泊学習を経験していたことが活かされたといえます。

【3月11日以降の児童生徒引き渡し状況、学校滞在者】

	小	中	高	その他滞在者	小計	職員	計
3月11日	8	8	13	4	33	56	89
3月12日	5	3	5	3	16	23	39
3月13日	3	1	3	5	12	21	33
3月14日	3	0	2	0	5	11	16
3月15日	1	0	2	0	3	11	14
3月16日	0	0	1	0	1	5	6
3月17日	0	0	1	0	1	5	6
3月18日	0	0	0	0	0	2	2

【3月11日の被災状況】

	小	中	高	計
全壊	7	2	12	21
半壊	1	2	2	5
一部損壊	0	0	0	0
床上浸水	1	0	0	1
床下浸水	0	0	0	0
被害なし	16	16	25	57

【避難先】

	小	中	高	計
避難所	2	1	8	11
親類・知人宅	4	4	7	15
病院	3	1	0	4
自宅	15	13	24	53
その他	0	1	0	1

安否確認と全児童生徒の引き渡し(18日完了)

　12日から職員を総動員して、欠席児童生徒及び自力通学生徒の安否確認。13日時点で安否確認がとれない児童生徒5名。全員の安否確認が取れたのが6日目の16日でした。最後の一人は志津川の海近くに住む重度重複の欠席児童。無事であることがわかった瞬間、職員全員が胸をなでおろし一斉に拍手。職員の誰もが口には出さなかったものの一番心配していました。

　児童生徒の保護者への引き渡しは、8日目に全員が完了。中には家屋全壊で避難所暮らしを余儀なくされた家庭もありました。特に自閉症の子どもは避難所での暮らしが適応困難なため学校に置いて欲しいと訴える保護者もい

ました。しかし、今後の避難所生活が長期になることを考えると、食料等の確保は避難所に指定されていない本校では厳しい。できるものなら学校に置きたい思いはありましたが、指定の避難所を勧めざるをえませんでした。

8日目に県との電話がつながる

ようやく、18日に県との電話がつながり被害状況を報告。未曾有の震災にもかかわらず、職員の人事異動は予定どおり実施とのこと。転出入者や6名の初任者（教諭、実習助手、栄養士）の事務手続きを進めました。特に初任者が住むためのアパート探しがとても難しかったです。中には教職員宿舎に2人で共同生活するケースもありました。また、異動する予定の教職員については異動先の学校との兼務等の発令が出され、両校で勤務することになりました。本校は地域の小中学校に比べ被害が少ないことを鑑み、極力、異動先での勤務に当たってもらうようにしました。

4月8日高等部卒業式実施

震災のため、卒業式ができないままでしたが、生徒及び保護者の強い要望もあり4月8日高等部の卒業式をようやく実施。来賓もいない内輪だけの卒業式。体育館に危険箇所が見つかり、手狭な高等部集会室で卒業生、保護者、職員のみでの実施でした。私にとっては校長として初めての卒業式。思い出

に残る卒業式となりました。卒業生の保護者が撮ってくれた卒業記念写真は卒業生にとっても大事な一枚となりました。

保護者への引き渡し完了から学校再開までの児童生徒の心のケア

　児童生徒の保護者への引き渡しが完了し、次の週からは週１回避難場所（自宅、親戚宅等含む）へ教員チームが出向き心のケア及び状況を確認しました。また、地域支援部が中心となって避難所等を巡回し、地域の特別支援学級の子どもや発達障害の子ども及び保護者の心のケアに努めました。

　巡回に当たって、一番悩まされたのはガソリンの確保でした。

学校再開に向けて復興支援チームの児童生徒の送迎支援

　３月20日に県からの連絡があり、始業式・入学式は４月21日を目途とすることとなりました。正直なところ、この大惨事の状況下、短期間で学校再開ができるのか疑問でした。そんな思いの中で、児童生徒の状況把握と同時に教育計画の見直しに当たりました。一番の問題は小泉大橋、歌津大橋の倒壊により、志津川方面のスクールバスの運行が見通しがつかなかったこと。登校が困難である以上、最善策とは言えないものの、山道を通り、週に１回、歌津・志津川の児童生徒宅・避難所へ行き、訪問教育の実施を考えました。

　そんな状況の中、生活支援センターの職員と東京の復興支援チームの方が来校し、通学困難な児童生徒の送迎を申し出てくれました。正直なところ、あの山道の悪路を毎日送迎することの大変さ、交通事故の危険性を考えると不安がない訳ではありませんでした。しかし、それを承知の上で復興支援チームが送迎を申し出てくれたことに対する感謝の気持ちで私自身も腹をくくる以外にないと思いました。送迎支援を受ける児童生徒の中には自閉症の子どももおり、対応に苦慮するのではという不安もありました。しかし、案ずることなく東京の施設職員の方々は適切に対応してくれました。学校再開から夏休みまで、約３ヶ月以上の期間、送迎をしていただきました。送迎に関わってくれた施設職員の方々は延べ200人以上になりました。この送迎支援の

おかげで、ほぼ全員が登校できました。さらには、夏季休業中の地域支援にも当たってもらい、長い期間支援いただきました。

本校にとって大きな課題であった通学への支援であっただけに感謝の念に絶えない思いです。

4月21日　修了式・小中学部卒業式・始業式・入学式の実施

なんとか、4月21日に学校再開。しかし、この被害状況でどの程度登校してくるか不安でしたが、予想に反して約9割の児童生徒が保護者に連れられて登校してきました。子どもたち、保護者がどんなに学校再開を待ち望んでいたかを痛感しました。

子どもたちが学校生活を送っていく中で元気になってくれることが、保護者にとっても励みになると信じました。そのためには、何を指導するかではなく、「楽しい活動で元気づけること・心のケア」を中心に進める。そして、無理のない範囲で通常時の学校生活の流れに近づけ、情緒の安定を図っていくことが大事であると思いました。

学校生活がはじまり、その後の心のケア

地域支援部を中心に校内の子ども、保護者の心のケア。さらには気仙沼地域の特別支援学級及び発達障害のある子ども・保護者の心のケアを実施。また、全国から著名な先生方が心のケアで来校。中には、震災から現在まで遠

くから定期的に来校し、地域支援部と連携しながら、校内及び地域の子ども・保護者の相談に当たっていただいている方々もいました。
　今でも気仙沼に来ていただけることに心から感謝しています。

震災後の防災対策の整備について

　震災後、2年余りかけて、今回の災害を教訓として、防災対策の整備に当たりました。
　整備に当たっては、全国各地からの義援金・支援物資を有効に活用しました。さらに、県への要望、PTAで予算化する等により段階的に行ってきました。まだ、課題は残っているが今後さらに推し進めていきます。
1　備蓄
（水、食料、防寒、調理用関係等、トイレ・衛生用品、保健関係、発電機、その他）
　下記の物は、整備済み
　・水、食料（乾パン、米等）は定期的な入れ替えの計画作成
　・防寒（石油ストーブ、寝袋、毛布、アルミシート）
　・調理用関係（折りたたみ給水タンク、やかん、なべ、炭）
　・トイレ・衛生用品（おむつ、ウェットティッシュ、トイレットペーパー、簡易トイレ）
　・保健関係（救急バック、マスク、児童生徒用常備薬）
　・発電機　2機　（ガソリン：定期的に入れ替え）
　・その他（下着上下、タオル、ビニール袋、拡声器、電池式ランタン、ラジオ、乾電池、懐中電灯、ろうそく、テント、台車、自転車等……）
2　震災時のスクールバス運行中の避難場所確認
　今回の震災では幸い学校に戻ることができましたが、連絡が取れない場合を想定し、運行しているコース毎に、要所要所に避難できる場所を指定します。
3　緊急時の連絡方法の整備

- 保護者に対して：携帯電話のメールによる一斉配信を整備、電話（固定電話、携帯電話）
- 県との緊急連絡：県との緊急時の配線整備
- スクールバスとの緊急連絡：スクールバス間の無線はあるものの、山で遮られ通信遮断される場合もあり、課題となっています。現時点では無線が繋がらない場合に2に掲げている運行中の避難場所の確認を徹底。

4　情報手段の確保

　震災時の情報の一極化が望まれる

　今回の震災で安否確認、スクールバス運行計画の見直し等で道路状況がわからず、職員が何度となく現地に出向いて確認していました。情報が集約化され、災害本部に行けばわかるようなシステムができていれば助かります。

5　災害時の地域との連携

　幼・小・中・高・特別支援学校・消防署等関係機関との連絡協議会を設置

6　避難所等でのサポートブックの活用

　今回、東京の復興支援チームによる、送迎支援で活用。特に心配された生徒に対してサポートブックを活用したことで児童生徒理解につながり、適切な対応ができました。

　これを機に避難所等でも活用できるように全児童生徒対象にサポートブックの整備を行いました。

7　避難訓練の見直し

500年から1000年に一度？の地震と遭遇（回想）

三島 照義（みしまてるよし）
社会福祉法人躾特会はんとく苑　統括苑長（当時）

　1000年に一度ともいわれる巨大地震に見舞われました。宮城県登米市の当地は沿岸部から離れているため、全てを持ち去る津波は襲ってきませんでした。しかし、今まで当たり前と思っていた生活が、根底から覆されたところに放り出されたようでした。いま日本では、いつ何処でこのようなことが起きてもおかしくないと言われるようになりました。私たちの経験がそのような時少しでもお役に立つところがあればと思い、ここに回想しました。

大地震発生

　当時、ぐらぐらと大きく揺れても、間もなく止むという地震は、珍しいものではありませんでした。
　この時もはじめはそうかと思っていました。ところが揺れが非常に激しいものでした。非常ベルが作動し自動火災通報装置も作動して119番へ通報しはじめたのです。ところが通報がはじまった途端に停電になりました。119番通報は先方に届くことなく切れてしまいました。これが東日本大震災のはじまりでした。
　利用者の人たちは、それぞれの作業班に分かれて屋外、作業棟、他の建物等と分散して活動していました。はんとく苑の建物をはじめ、周りの建物は、地震の振動ですさまじい轟音を立てています。とても建物の中にいれるよう

な状況ではありませんでした。

　分散していた利用者の人たちは、訓練で避難場所としている場所に全員集合しました。一方、通所施設である第二はんとく苑、第三はんとく苑の人たちは、帰宅の準備中でしたが道路状況が不明のため、送迎バス等車両の運行は中止にしました。通所利用者の方は、保護者の方が迎えに来るまで、はんとく苑で一泊でも二泊でもお預かりすることにしました。第二・第三はんとく苑の利用者の方もはんとく苑と同じ避難場所に集合しました。地震がおさまればはんとく苑の建物の中に入ろうと思っていましたが、一向に地震はおさまらず前の地震が収まる前に次の地震が揺れだすといった、まるでてんかんの重積発作のようでした。

ビニールハウスに避難

　屋外の避難場所で30分待っても40分待っても、建物は轟音を響かせては止み響かせては止みを繰り返していました。そのうち雪がちらつきはじめました。第二はんとく苑には、ご自身では動けない重度心身障害者の方が6名在籍しています。「体力の弱い方が、濡れて冷えれば肺炎になる」と考え、屋根があって崩壊や落下の心配のない安全な場所をと思いましたが近くにそんなところはすぐに思い浮かびませんでした。ところがすぐそばにあったのです。椎茸の原木を養生するビニールハウスがありました。中を簡単に片づけ全員ビニールハウスに避難しました。ビニール一枚で囲われたところですが、100人以上入ると寒さは感じられませんでした。

　ビニールハウスへ避難したところまでは、（はんとく苑は都外施設であるため）東京都へ報告ができました。携帯電話が使えたのです。これを境に携帯電話も不通になりま

した。一般電話も携帯電話も使えなくなり外部との連絡は遮断されました。

炊き出し用の釜を作る

　ビニールハウスへの避難と同時に、屋外に石やブロックで炊き出し用の釜を作りました。食事はここでつくることにしました。燃料は、榾木置場の林から枝をみんなで拾ってくることにしました。

　夕食の炊き出しをしながら聞こえてくるラジオで、沿岸沿いはものすごい津波に襲われていることや道路があちこちで寸断されていることを知りました。

　日も暮れかかるころには、地震も少し落ち着いてきました。食堂の安全を確かめ、全員を食堂に避難させることにしました。炊き出しの食材料は、非常用の備蓄食料を充てる方針でしたが、長期にわたることも考え、苑で販売用に蓄えているお米を主体にすることにしました。厨房用の冷蔵庫に残っている食材と販売用のお米で「おじや」を提供することにしました。一週間ほどの献立は、残っている食材を確認しながら、栄養士が早速立ててくれました。

　暗くなる前には夕食を終わらせました。普段は必ずお代りをする人も「今は大変な時だから、しばらくお代わりはないよ」という説明を意外とよく聞いてくれました。

　第二・第三はんとく苑の方は、20時頃までにはご家族の方がほとんどお迎えに来てくれました。中には都合で4～5日泊っていかれた方も何人かいました。

寒さしのぎと夜間の照明

　時折くる大きな地震に備えて、すぐ避難させられるよう避難口が5個ある食堂で利用者、職員全員が過ごすことにしました。夜は、男性女性の区切りをつくり、利用者職員一緒で敷布団2枚に3人が体を寄せあって寝ました。

3月とはいえ、外は冷蔵庫の中より冷え込んでいます。夜は氷の張ることもたまにあります。電気が止まると、暖房機器は全て使えなくなりました。北上川の水を汲み上げ上水道としている市の水道も、汲み上げるモーターを動かせないため断水でした。
　夜間の照明は、発電機を使ったり、自動車のヘッドライトを使ったりしましたが、どちらもガソリン等の燃料が必要です。ガソリンが手に入らないのに使用を続けるわけにはいきませんでした。助かったのは、通所している方の保護者の方が、隣のお寺からもらってきたとお葬式などで使う大きなろうそくを何本も届けてくださったことでした。業務用缶詰の空缶を利用してろうそく立てにすると危険もなく安全で、ちょうど良い夜間照明になりました。

停電、断水、食材量の入荷停止、外部との通信遮断

　停電は、地震発生と同時といっても良いくらい（2～3分）に起きました。それに伴い一般電話も使えなくなり自動非常通報装置も停止しました。暖房機器は、全て電気を必要とするものばかりでしたので暖をとるのは、衣類の重ね着でした。
　しばらくすると水道の水が出なくなりました。非常用の備蓄飲料水は、食事の炊き出しであっという間になくなりました。苑の周りは、登米スレート（東京駅の屋根に使われているものです）が部厚く岩盤となって一帯を覆っているため井戸を掘っても水が期待できないところです。「車で30～40分いった所の沢水を地元の人が飲料水として使っている」という話を聞いてポリタンクやペットボトルをかき集めて水を汲みに行きました。トイレで使う水は、浴槽の水も汲んで使いました。
　毎日食材を運んでくるトラックは道路事情で運行中断となっていました。生鮮品、とくに生野菜類も入荷しません。野菜の入った「おじや」を提供したいと思っていたところ、通所の保護者の方々から「自分の家でつくっているものだから」とたくさんの差入れをいただきました。とても助かりました。

あんたとこの椎茸買うたけど、放射能大丈夫かい？

　非常用炊き出し釜での食事づくりが１週間続いた夜７時頃だったかと思います。電気がついたのです。とても明るい夜でした。「バンザーイ」という声が聞こえてきました。利用者・職員みんなで喜びました。自動火災通報装置も思い出したように動き119番通報をはじめたものでした。

　翌日わかったことですが、浄化槽が一杯になっており、これ以上停電が続くと溢れ出してしまう状態でした。

　利用者の方たちの生活に落ち着きを取り戻すには、震災以前の生活の流れを取り戻すことが肝心と思い、日中の作業活動を軌道に乗せるよう力を入れました。

　そんな時、大阪の方から電話が入り、「あんたとこの椎茸買うたけど、放射能大丈夫かい」という問い合わせがありました。その時大阪に出回っている椎茸は、震災前に収穫したものというのがはっきりしていましたのでそのようにお答えしました。しかし、震災後収穫したものも「安全である」という証明をもらおうと、検査機関に検査料金１万円以上を払って依頼しました。検査結果は、735ベクレルでした。出荷していたものは直ちに全て回収しました。

　６万本近くあった椎茸の原木は、全て使えなくなりました。

　椎茸栽培は、苑の主要作業で、歩くことができれば利用者の方は作業として関われるもので、重要な作業種目と位置付けてきたものでした。収穫した椎茸は、その日のうちに乾燥機にかけ、大、中、小に選別、袋詰めをして出荷していました。出荷先のほとんどは、ヤマト福祉財団で、同財団を通して全国に販売していただ

いておりました。

　現在も、椎茸栽培に代わる作業種目、歩くことができれば作業に関われる作業種目をつかみたいと努力をしているところです。

台湾のボランティア団体と東社協部会からの依頼

　台湾のボランティア団体から、被災した岩手、宮城、福島の沿岸に物資を持って巡りたい。ついては、20～30人ぐらいがしばらくの間泊めてもらえる場を提供してもらえないかとのご依頼がありました。私どもの自活訓練棟でよろしければお使いください、と申し上げたのですが一泊されてお帰りになりました。後で聞かされたのですが、福島の原子力発電所の事故を受けて、本部（本国）からの連絡により帰国したということでした。

　台湾からのご依頼に少し遅れて東社協知的発達障害部会からご依頼がありました。当初は作業棟の２階をお使いいただいたのですが、台湾の方々がお見えにならないというのがほぼ確定したので、自活訓練棟に移っていただきました。本来でしたら、私どもも部会の皆様とご一緒に支援活動に参加しなければならないのですが、私ども内部の生活を元に戻すことに専心したため参加することもなく大変失礼をしました。それにつけても長期にわたり、沿岸部障害者福祉施設の復興支援に当たられたことに心よりの敬意と感謝を申し上げるものです。

8 震災を経験して

石田 尚広（いしだたかひろ）

気仙沼市障害者支援センターを利用しています。当時の状況や今の暮らし、生きがいなどをお話しします。

　私はずっと新聞配達をしてきました。平成5年10月から宮城県の河北新報を11年、次に朝日新聞に移り震災を受ける平成23年3月11日まで配達をし続けていました。あの日は虫の知らせというのか…予感というか…なぜか胸騒ぎがしていました。普段なら午後の4時まで次の日の折込の手伝いをしているのに、その日はヤマトのメール便の仕事をしていて、それも午前中で仕事が終わったのです。ラッキーでした。

　今考えると奇跡だと思います。その日はバイクでそのままお店でカップ

ラーメンを買って山の方に帰りました。帰ってラーメンを食べながらテレビを見ていると急に揺れはじめ、まるで電車の連結部分にいるような大きな揺れが長く続きました。私は元自衛官だったので、仕事のくせで揺れ

がおさまると、隣近所の安否確認をしました。そうこうしているうちに親も帰ってきました。危機一髪でした。橋で立ち往生、水道管も破裂している所もあり、状況がわかってくるうちに、大ごとなんだなと実感してきました。防災火災無線が鳴りました。「6メートル、9メートルの津波が起きます」。来る人たちが「丘の上から川の水が引っ張られている」と言っていました。そのあと10メートルくらいの津波が来て、うちの家の300メートルで止まってそこまでの家はなくなっていました。

　さて、職場はどうなっているか…見に行きました。波は来ていませんでしたが潰れかけていました。次に職場の人の安否確認をしに市役所へ行くと生きていました！生かされた！と一緒に喜びました。これからどうするの！と私は逆にはっぱをかけました。仮の職場をさがすと言っていましたが、まず避難所さ、新聞を届けっかと考えました。本格的に新聞を配りはじめたのは4月からでした。朝日新聞です。みんな「待ってました！」と言ってくれました。それまでは道路もがれきにうもれていたので身動きが取れなかったので歩いて回りました。自分なりに家の残っている所をまわり安否確認をしながら新聞を持っていきました。それはもうボランティアです。流された家の所は避難所までもっていきました。残った家の方が避難所より情報が無く、新聞を持っていくと喜ばれました。避難所は1年くらいの生活だとみんな思っていました。しかしそれぐらいでは終わらず大変な思いをしました。そのうち朝日新聞のお店も次の代に変わり新しくなり、私が配っていた所は全

部流されてしまい配達区域はなくなってしまいました。

　そうこうしているうちに、自分も心の中にもやもやしたものが出てくる時期がありました。このもやもやを誰に言えばいいのか…雇用のこともあるし…。最初は保健所に行きました。そこに行くと障害者支援センターは何処にいるのと聞くと「ここにいるよ」と言われて行くとセンター長もみんなそこにいました。その後雇用についてもハローワークから連絡が来ました。「石田さんと言えば新聞配達だよね」と言われ、三陸新報の配達の仕事を紹介されました（大手の新聞社から見ると回覧板のようなものですが）。読売新聞も紹介され、結局はスタッフと一緒に行ってもらい新報の方は断り、読売新聞に決めました。

　その頃はみんな仲間は心がもやもやしていました。自分はまだよかった。家族は無事、バイクは無事でしたから。センターとのつき合いは長いつき合いです。災害後もセンターではみんな集まり、私はみんなの話も聞いたり、雑談をしたり、アドバイザーなどしたりしていました。センターは震災前も後もみんなの居場所、サロンになっているんです。いろんな人が会う場所なんです。センターにはデータも残っています。今までのデータが残っているので仕事はできます。まだまだ希望が残っています。これからです。

　陸上自衛隊に勤務していたころの昔の仲間も心配してくれました。そんな

平成27年7月23日新たに移転したセンターにて

心配してくれるみんながいるから自分も頑張らないといけないと思いました。仕事さえあればいいです。あとは何もいらないです。震災のことについては、みんな震災のことを忘れないでほしいです。みんな2020年の東京オリンピックのことに目が行って忘れているんじゃないかと思う時もあります。忘れないでほしいです。東京の支援チームにも感謝しています。遠くは伊豆大島からも来てくださり嬉しかったです。でもこれからは地元の出番かなと思います。気仙沼には漁港があります。カツオやサンマが取れます。水産加工業が復興すれば活気も出てきます。そうすれば若者、障害者の雇用も出てくると思います。まず地元が自立しないといけないと思っています。そしてみんな観光にどんどん来てほしいです。これからみんなが元気になっていかないとと本当に思っています。
　私もまだまだこれから。自分の仕事や生活を楽しめるように頑張ります。

第3章
気仙沼へそれぞれの想い

　3月23日の現地支援決定を受けて、東京支援チームの第1陣を皮切りに6日間交代の派遣をスタートしました。使命感を持ち出発した支援員たちは、現地での支援に戸惑い、現実の重さを感じながら、みんなが自分に何の支援ができるか、自問自答しながら現地での6日間を次につなげていきました。送り出す施設の仲間たちの応援、気仙沼で出会った方たちの声に自分たちも力をもらい、いろんなことを考え、感じた日々になりました。

1 東日本大震災の支援活動から学び、今後の大災害に備えよ

柴田 洋弥（しばたひろや）

特定非営利活動法人東京都発達障害支援協会理事長
（当時）

　被災地域の中の人は災害の全容が分からず、逆に遠くの人ほど情報を得やすいため、情報を集めて発信し、一刻も早く現地に行くことが重要です。福祉専門職を一週間交替で切れ目なく派遣し、同時に現地でそれをコーディネートする人も派遣する必要があります。今回の支援から災害救助費を派遣費用に当てるシステムもできました。今回の支援経験から学び、きたるべき東京大震災時の受援準備を整えることが大切だと思います。

直後の情報収集

　大震災の直後から、宮城県沿岸部の知り合いの施設に電話しましたがどこもつながらず、15日にようやく仙台市の「つどいの家」と電話できました。施設建物が全壊、自宅が被災した利用者と家族、職員30人ほどが別の施設に泊ま

り、薬・ガソリンが不足しているとのことでした。その後も、仙台市の「まどか荒浜」や名取市の「るばーと」が津波で全壊したが利用者は避難したこと、石巻市の「ひたかみ園」周辺の被害も大きいこと等を教えてもらいました。また宮城県知的障害者福祉協会は、沿岸部の被害調査ができないとのことでした。

迅速な支援方針

震災直後は都内でも停電、電話や電車の不通、ガソリン不足で身動きが取れませんでしたが、23日に東京都社会福祉協議会知的発達障害部会と東京都発達障害支援協会（当時は私が理事長）が役員会を開き、合同対策本部を設置して、宮城県に職員を交代で数名ずつ派遣することを決定しました。まず私が先に宮城県に行き、具体的な活動内容は現地で決めることになりました。派遣の交通費・宿泊費等は東京都発達障害支援協会が負担し、そのための募金をすることも決まりました（派遣職員の人件費は派遣元施設の負担）。

職員の宿泊は当初「船形コロニー」に依頼しました。東北自動車道路の通行許可証と現地でのガソリン購入優先枠の確保は「つどいの家」に依頼しましたが、派遣直前に不要となりました。

被災現地のニーズに合わせて

　27日、私は宮城県に入り、宮城県協会役員と協議し、協会の電話・FAXによる被害調査と、私が知っていた沿岸部の状況の情報交換をしましたが、気仙沼方面の状況は全く分かりませんでした。また宮城県障害福祉課と今後の連携を協議し、難民を助ける会にはガソリン、パソコン、自動車、自転車、日中活動のためのプレハブ等の提供をお願いしました。28日の夕方、東京からの派遣第1陣とともに仙台市荒浜地区を視察しましたが、まるでじゅうたん爆撃を受けたような津波の惨状は、今も目に焼き付いています。

　29日、東京の派遣第1陣が、船形コロニー職員の道案内で、気仙沼市・南三陸町を視察し、ほとんど孤立している状況が分かりました。31日には東京で合同対策本部を開き、東京の職員派遣を気仙沼方面に集中することとなり、その後の長期支援がはじまりました。

福祉職員の派遣コーディネート

　私は、宮城県協会の災害対策本部で、全国から福祉職員を被災施設に派遣するコーディネーターを1年間担当しました。平成24年3月までに、県内の被災11施設に派遣された職員は732人、のべ4,636日に達しました。また厚生労働省や宮城県と協議して、災害救助費を派遣職員の交通費・宿泊費に当てるシステムをつくりました。派遣された職員は、災害を実感し、被災施設職員とのさまざまな交流が続いています。日本は今後も大災害が予測されています。今回の職員派遣を通して、「助け合う福祉」の心が各地の福祉現場に広がったことは、将来に向けての大きな希望です。

第3章 気仙沼へそれぞれの想い

2 5年間の支援を振り返って

山下 望（やましたのぞみ）

平成23～26年度知的発達障害部会部会長
社会福祉法人南風会青梅学園・かすみの里　施設長

> 知的発達障害部会として1年目は被災地支援を実行し、2年目以降も徐々に支援の絆を引き継いだ5年でした。私もゴールデンウィークに実際現地での支援をさせていただき、多くの関係者の皆さんに感謝しています。

　平成23年3月11日午後2時46分、私の人生上経験したことのない大きな揺れを感じました。あきる野市の金木犀の郷という施設の保護者会で講演を行っている最中でした。ご家族の方とあまりの怖さに、園舎から出て様子を見たことを今でも覚えています。そこから施設へ軽トラをとばして帰りました。利用者やスタッフの状況を確認して、施設の状況を調べたところ、通所の屋上の太陽熱温水器のガラス管が破裂していて、その始末をしたのを覚えています。その時通学中の小学生にガラス片が降り注がなくて良かったと胸をなで下ろしました。テレビでは甚大な被害が伝えられ、JR青梅線が止まり、電車での通勤がそれから長い間できませんでした。利用者への不安は、計画停電のため時間が早くても暗くなると寝て、夜の10時頃灯りが付きますと、みんな起きてしまうような日が続きました。

　電話もようやくつながりだし、自施設も落ち着いてきたところで、東北の被害の様子が少しずつわかってきて、福島の施設が丸ごと千葉の鴨川に来ているらしいとか、いろんな情報が流れてきました。そこで東社協(東京都社会福祉協議会)の知的発達障害部会と東京都発達障害支援協会で協力できた

ら良いのではということになり、午前中に飯田橋の東社協事務局で会議をし、その午後には国分寺の支援協会事務局での会議を経て、震災の復興支援に取組むことが決まりました。

　当時、支援協会の理事長であった柴田洋弥さんが、単独で何度か東北に足を運び、福島県には原発事故の関係で入れないという情報。岩手県は相談支援がしっかりしていて、被害状況もつかめ、北海道などが支援しているとのこと。そこで宮城県に入ることにし、物資は滝乃川学園に集め、ワゴン車に物資を満載し、先発隊がニーズ調査を含めて出発しました。私もゴールデンウィークに実際現地での支援をさせていただき、生臭いサンマを片付けたり、気仙沼特別支援学校の送迎を見送ったり、また、コーディネーターの高瀬さんが不在の間は、かわりにコーディネーター役もさせていただきました。

　1年目は、宮城県気仙沼市と鴨川青年の家へと現地支援をさせていただき、多くの善意と労力と各施設へのご負担をかけながら、被災地支援を実行させていただきました。2年目以降も徐々に支援の頻度や人員は減らしながらも支援の絆を引き継ぎ、5年目を迎えさせていただきました。その5年目という節目に当たり、多くの関係者の皆さんに、感謝の思いを届けつつ、このブックレットをまとめさせていただきます。

3 現地支援者コーディネーター として

高瀬 祐二 (たかせゆうじ)

社会福祉法人滝乃川学園施設長（当時）

　現地での「支援者コーディネーター」を提案したために、最初のコーディネーターとして2カ月+α滞在しました。滝乃川学園は明治24年の濃尾震災の被災した子どもの保護からはじまったともいえるので、この派遣は使命と思い参加しました。
　思い通りの支援ができない初期から、気仙沼、南三陸町に在住の方々と一緒に被災障害児者に向けた支援を組み立てることができた後半まで、さまざまな貴重な経験をすることができました。

　避難生活を強いられている方々が一刻も早く以前の生活に戻ることができることをお祈りしています。合同対策本部の派遣員として私が宮城に入ったのは4月15日でした。洗心会「高松園」熊谷施設長から現地視察とレクチャーを受けました。気仙沼港周辺、陸前高田の光景には声を失いました。気仙川にかかっていた橋が3本流されたために上流に行けども行けども川を渡る橋がありません。河口から4〜5キロ上流にやっと渡れる橋が現れました。津波の威力に圧倒されました。最初の体験はどんな言葉を持ってしても表現しきれません。

現地支援者コーディネーターに結果として立候補

　被災地に東京からの派遣員を送ることが決まった際に、私は週替わりス

タッフでは、現地の人たちとつながりができないと思い、少し長い期間滞在できるコーディネーターを置いたほうが良いという提案を行いました。しかし実際は現場から長期間離れることができる人は、いるはずもなく、言い出した私がコーディネーターを引き受けることとなりました。当園の理事長の山田からは、「帰る時は自分で決めて良いので、ベストを尽くせ」と送り出していただきました。実は当時、障害者支援施設、グループホームの長を兼務していて3月10日に生活介護棟建設の起工式を終えたばかりでした。

相談支援事業所とともに

　当初の被災地の事業所は、電気がない、飲める水がない、食料が十分にない。入所施設には避難してきた人々が生活しており、通所でも避難した人々が生活していました。どう見ても大変そうなのに、「何かお手伝いはありますか」とお尋ねしても「間に合っています。」とやんわり断られていました。そのような中洗心会の相談支援事業所が、東京チームを受け入れてもよいということになり、訪問しました。相談支援の方でも、どのように私たちを使ってよいのかが分からず、おっかなびっくりのスタートになりました。私は毎日御用聞きのように相談支援の事業所に出向き、できそうなことは何でも引き受けることにしました。引っ越しの依頼の際は段ボールを探そうにも、どこにも売っておらず、東京からプラケースを40個送ってもらい対応したり、任された仕事は、さまざまな手段を用いて解決していきました。

　相談支援の方々のご配慮のおかげで、さまざまな仕事が舞い込んでくるようになりましたが、それには気仙沼特別支援学校の校長先生から南三陸町から通う生徒の送迎を依頼されることが大きなきっかけとなりました。この後のことは他の人の記述に譲ります。

東京からの支援員、都立の先生

　たくさんの支援員、都立の支援学校の先生方が宮城県に来てくれました。この期間中大きな事故を起こすこともなく、とても評判の良い支援を展開し

ていただきました。支援員の方々、派遣元の事業所の皆さん、都立特別支援学校の先生方に感謝申し上げます。また、自らも被災している状態で、私たちを受け入れてくださった気仙沼、本吉町、南三陸町の皆様に感謝申し上げます。以前の生活に戻ることはできないでしょうが新たな歩みを応援しています。

第3章 気仙沼へそれぞれの想い

～気仙沼から届いたお手紙～

高等部生徒からのお礼のカードです。

　東日本大震災から5ヶ月が過ぎ、例年よりも短い夏休みも終わり、2学期がスタートしました。夏休みには、家族とゆったりとした時間を過ごしたりするなど、始業式には、みんな元気に登校してきました。スクールバスも、4コース全てほぼ計画通り運行を開始することができました。今学期は、修学旅行や宿泊学習、学校祭などの大きな行事があります。保護者のみなさんや私たち教職員も一丸となって、子どもたちの学習を支えていきたいと思っております。
　これからまだまだ、この地域の復興には時間がかかるかと思いますが、みんなで前を向いて歩んでいきたいと思います。
　本校児童生徒の作品と気仙沼市の震災の様子の地域情報誌をお送りさせていただきましたので、お受け取りいただければと思います。ご支援やご声援ありがとうございました。

平成23年9月

宮城県立気仙沼支援学校長　西脇　正彦

4 現地調査に入って

大竹 真澄（おおたけますみ）

社会福祉法人けやきの杜総合施設長

　東京都発達障害支援協会と東社協知的発達障害部会と合同で支援することを決め、現地の状況把握と支援体制のベースづくりを行いました。インフラが切断された状況では、特に小さな事業所においては周りの状況が全くわからずに孤立しており、緊急時のネットワークの危うさを感じました。また、緊急時において現地の事業所は目の前にいる利用者の直接支援が限界であることがわかりました。第一陣、第二陣、第三陣と支援に入った施設とのやりとりを続ける中でニーズに合った支援を行えるようになっていきました。

1．初動：現地確認

①初動準備

　厚労省・東京都から、派遣の準備依頼はあったものの、具体的な指示が不明なために、東京都発達障害支援協会と東社協知的発達障害部会と合同で支援をすることを決め、どこを支援することが必要なのか独自で調べることが必要になりました。調査隊を組み、調査を行い、現状把握と課題、支援場所、支援員の駐在拠点等を決めるために調査に向かいました。当時はまだライフラインも止まっている状況だったので、各施設から集めた非常食や飲料に加え、ガスボンベや携行缶などを地方出身職員の実家に依頼して、用意して行きました。また、移動手段として車は３台で向かいました。（法人所有２台

に個人所有1台）さらに、ガソリンがないことを想定し、携行缶にガソリンを入れていきました。

②現地確認1日目

　現地までは東北道を通り、仙台へ行きました。高速道路は舗装されておらず、仙台が近づくにつれところどころ、隆起していました。高速パーキングのガソリンスタンドでは補給がまだできました。仙台市では先に現地入りしていた柴田さんより、気仙沼市の状況が一切分からず、そちらの方が支援ニーズが高いという指示を受け、その日は一旦、現地の入所施設である船形コロニーに泊まらせていただき、次の日に気仙沼市に向かうことになりました。また、気仙沼市の各施設の所在地も把握ができていなかったため、その日の夜は全国障害者施設一覧と地図とを照らし合わせ、気仙沼市の全事業所を調べる必要がありました。

③現地確認2日目

　気仙沼では、全国障害者施設一覧で社会福祉法人格と記されていた施設から探していきました。はじめに着いた施設が社会福祉法人洗心会の施設だったと思います。ここで、気仙沼の障害者施設の状況（どの法人が主体となっているかなど）を教えていただき、その後の把握にとても役立ちました。また、この頃はやっと電気が復旧して1日経つくらいだったので、NPO法人格で運営されている小さな事業所は周りの状況が全然わからず、私たちの訪問でやっと、今どういうことが起こっているのか、他の事業所がどうなっているのか知ったと話されており、緊急時のネットワークの危うさを感じました。

　一方で、意外だったのは、ガソリンです。気仙沼市の方が優先的に供給されているのか、無事補給できたのを覚えています。そうは言っても、慣れない土地での移動や状況把握。2日目だけでは、全事業所は回れず、3日目まで持ち越しになりました。また、1日目に泊まらせて頂いた船形コロニーは

気仙沼市から約2～3時間の距離だったので、より近い、都外施設であるはんとく苑をベースに支援ができないか交渉をしに行き、泊まらせていただきました。

④現地確認3日目
　この時点では、南三陸の方がまだ道路が遮断されており、通れませんでした。このように現地では、まだ道路すら遮断され、自衛隊しか現地に向かえない状況もありました。3日目になると、気仙沼市の社会福祉協議会がネットワークの中心にいることがわかってきて、東京からの支援体制をどうしていくかという話がはじまりました。また、単独事業のグループホームがあり、サービス管理責任者の女性が理事の親戚も含め、高齢者も含めた支援をされていることが実際に訪問したことにより見えてきて、緊急時の事業所間の協力の必要性を感じました。こうして、全事業所を回る中で、支援ニーズの高い気仙沼市の第二高松園と生活支援事業所、ケアホームめぐみ、そして南三陸地方の支援が必要だということがわかってきました。また、気仙沼特別支援学校に状況を聞くことができ、道路が寸断され仮設の橋ができたが、特別支援学校の送迎バスが通れないために、学校に来ることができない状況も判明しましたので、通学支援の対策を組む必要性が判明しました。調査に当たった職員から、学齢児の夏休みにおける支援を早めに考えて、対策の着手が必要との意見から、早々に着手することにしました。また、この日は別ルートで支援要請があった陸前高田にも向かい、被害の甚大さをまた感じながら、孤立している施設への物資を運びました。

2．高松園支援・地域支援

　高松園の支援では、熊谷施設長がしっかりと支援の受け入れをしてくださったものの、施設側も何を支援してもらうのが良いのか判断できず、戸惑っている様子が伺えました。直接の利用者支援は、職員側も利用者状況を教える必要があり、嬉しい反面、負担に感じるようでした。最初の時点では、支

援する側、される側、お互いにはじめてだけに戸惑いがあったのも正直な所だったと思います。その中で、第一陣の高松園での支援は、配膳、食事介助、見守り、入浴準備（薪割り、火興し）などでした。こうした中、第二陣、第三陣とお互いにやりとりする中で、ニーズに合った支援が行われていったことが本当に良かったと感じました。

3．全体を通して

　調査隊とそのまま残ったメンバーが行ったことは、主に現地の状況把握と支援体制のベースづくりでしたが、緊急時においては現地の事業所は目の前にいる利用者の直接支援が限界であり、インフラが切断された状況では、各事業所を回り状況を把握することは困難であり、孤立しがちであるということがわかりました。また支援のニーズ把握や優先順位の整理も、被災した事業所が行うのは多大なる負担であり、そういったことをするだけでも被災地支援につながることを感じました。また日頃の地域におけるネットワーク体制という点においては東京の方が危ういように感じました。

東京支援チームの始動
～どのように支援に取り組んでいくか～

高野 宣弘（たかののぶひろ）

社会福祉法人正夢の会コラボたまワークセンターつくし（当時）

　平成23年3月23日の臨時役員会における現地支援の決定を受け、東京支援チームの第一陣6名が出発しました。6日間での任務は現地調査と支援ニーズの掘り起こし、活動体制の整備。広域にわたる被災地で、支援を必要としている方々にどのように手を差し延べるか。情報は全くありません。使命感とプレッシャー、そして不安感の交錯する旅立ちでした。

「自分たちは大丈夫だから、もっと困ってる人に分けてあげて」。
　物資提供を申し出るたび異口同音にでてくる言葉に、私たちは押し付けるように必要と思われる物資を渡していきました。その言葉の前に聞いていた状況は、とても大丈夫と言えるものではなかったのです…。

1. 支援地域の絞り込み

　物資満載の車輌2台が出発したのは3月28日。震災からすでに2週間以上が過ぎていました。東北道は開通していたものの、通行できるのは許可された車輌のみ。物資山積か自衛隊、赤十字関係がほとんどでした。
　白河を越えたあたりから、道路が波打ちはじめ、周囲の家々の屋根にブルーシートがかかっています。地震の影響を少しずつ肌で感じはじめ、私たちに不安とあせりが募ってきました。現地の状況が全くわからず、つながりもない中でどこから手を付けていいものか。

仙台市の作業所にて、先行して宮城県内の情報収集をしていた東京都発達障害支援協会の柴田洋弥さんと落ち合いました。情報を共有し、知的障害関係団体が入っていない気仙沼エリアを支援対象とすることとしました。当面の宿泊先である宮城県船形コロニーにて、県内の施設名簿と地図等を借り、気仙沼エリアの関係施設・社協等の所在地や連絡先を地図上に記載していきました。お風呂にも入れるとのことでしたが、被災された方のことを思うと気が進まず、夜がふけるまで手がかりづくりをすすめました。

2．被災地の現状

気仙沼に向かう約2時間の移動中、車内で昨夜ピックアップした関係各所に片っ端から電話しました。直接訪問して、現状把握と支援ニーズの確認を行おうと考えたのです。電話が通じたところから1か所ずつ、訪問の趣旨を伝えながら話を聞いていきました。

利用者の居場所がばらばらで道路も寸断されているので通所が再開できない、通所が再開しないのでずっとホームで過ごしている、被災して帰れない職員や地域に住む利用者を受け入れている、余暇支援が不足している、支援物資が届かない…

日々を過ごすことに精いっぱいで具体的なニーズを引き出すことは難しく、ましてやそれを他者に担ってもらう余力がないというのが実情だったのです。現実の重みと、東北の方々の他者を思いやる心は、私たちの想いをはるかに超えていました。

3．支援の開始

個別でのニーズの掘り出しに限界を感じ、気仙沼エリアで最大の法人に窓口をお願いして、他事業所からのニーズも集約していただくことになりました。また、はんとく苑のご厚意で拠点として作業所のフロアを貸していただき、パソコン等の事務用品も整備して安定した活動を行う環境が整いました。

直接の支援は、第2高松園に受け入れていただくことになりました。物資

や体制、環境がままならず、震災以前の支援をしたくてもできないジレンマと、私たちに対応する負担感もあったことでしょう。私たちはどう接すべきか姿勢があいまいなまま、残りの2日間が過ぎていきました。

　最終日、第二陣が到着し、綿密に引き継ぎを行いました。私たちの想いを託し、期待を込めて、後ろ髪ひかれる思いで気仙沼を後にしました。第二陣以降、具体的な支援に取組んでいく。ここからが復興支援の本当のスタートなのです。

第3章 気仙沼へそれぞれの想い

「やすらぎ」

絵　佐藤雄

震災から1ヶ月後 東京支援チームにできたこと…

月岡 亮(つきおかあきら)

社会福祉法人つるかわ学園法人事務局長

　宮城県登米市にある「はんとく苑」を生活拠点とし、そこから40~50キロ北東へ向かうと気仙沼市本吉町があります。太平洋に面したその町には、気仙沼市社会福祉協議会「みのりの園」生活介護事業所とNPO法人泉里会「ケアホームめぐみ」があり、震災1か月後、ライフラインが復旧していない状況の中、東京支援チームとして支援に入りました。

支援に入る前に…

　当時の活動は、初日に気仙沼市にある(社福)洗心会 第二高松園(知的障害者入所施設)を訪問します。施設長の熊谷さんより現地活動をはじめるにあたり、現在の状況や被害の大きかった陸前高田市内を見たうえで、現地活動に入っていただきたい旨伝えられました。津波の勢いを正面に受けた陸前高田市は街そのものが流されており、震災から1カ月経つ状況の中でも、自衛隊・警察による遺体捜索が続けられていました。これから支援を行うには、絶対に心に焼き付けなければならない光景であり、支援にあたっての心構えを真剣に考える機会として視察させていただく必要性を感じました。

みのりの園での活動

　沿岸部の高台にある「みのりの園」は20名定員の生活介護事業所です。

震災後1か月間は休園しており、開園とほぼ同時期に支援をスタートしました。災害対応や新しい制度への移行準備等に追われる状況の中、利用者の方々、職員みなさんが私たちを温かく迎え入れてくれました。通所できる利用者の方は、ご家族の行方不明や親戚の家に避難している方等により、10〜15名程度でした。話しかけてくれた利用者の方の中には、「〜ちゃんは親戚のところにいる、お父さんがいない…」伝えてくれる方もおり、どのような言葉を返せばよいかわからなかったことを思い出します。

　ライフラインが復旧していないこともあり、活動は14時前後で終了となります。固定的な支援は、地区ボランティアセンター駐車場にて自衛隊が準備する入浴設備にて入浴支援や給水活動、利用者と一緒に椎茸駒うち、木工作業やデニム（ズボン）の下請け作業、余暇支援、利用者送迎等を行い、活動中の皆さんは、時折、疲れている様子も見かけられますが、さまざまな思いがありながらも日常的な風景（笑顔も多く）を見せてくれました。

自衛隊に感謝

　被災された方々のさまざまな不安を少しでも解消してくれたのは自衛隊の存在ではないでしょうか。地区のボランティアセンターの駐車場に設置されたテント式お風呂や給水場。一見ドーム型のテントではありますが、お風呂の入口には「湯」の文字が入ったのれんや浴場では、迷彩服のズボンをめくり頻繁に湯加減を確認する自衛隊員の方の姿もあり、被災された方々がこころよく入浴できるようにと自衛隊員の方々の細やかな心遣いを感じました。

　もちろん、みのりの園の利用者の方も一回に数名ではありますが、入浴することができました。地域の方々と一緒に表情がほころんだ瞬間であり、一時のことではありますがこころとからだを癒してくれたものでした。さまざまな場面で活躍された自衛隊の皆様に感謝です。

おわりに

　どの地域にも、その地域ごとにさまざまな特徴や風土があります。自分た

ちのことは自分たち自身で頑張るという精神が強く根付いていた東北地方の方々と東京のメンバーが信頼関係を築くことは簡単ではありません。惨状な状況を目の前に、何とかしなければという思いに、はりきりすぎてもいけません。現地の方の話に耳を傾け、裏方に徹し、継続的に支援活動を行うことにより、少しずつ、被災地関係者との理解と信頼が深まり、またさまざまなニーズを受入れ実施してきたことにより、他法人、特別支援学校、企業等少しずつ活動場所を広げていくことができたのではないでしょうか。

車内にて昼食

~気仙沼から届いたお手紙~

感謝の言葉

東京都
災害支援チームさま

私たちの活動にご支援とご協力を頂きありがとうございます。
震災後の大変な状況の中を駆けつけ、ご支援頂きましたことに感謝致します。
今後ともよろしくお願いします。

平成二四年三月十六日
みのりの園　利用者、職員　一同

7 派遣職員の心のウォームアップ・クールダウン
～派遣オリエンテーション～

石原 誠太郎（いしはらせいたろう）

社会福祉法人武蔵野
武蔵野福祉作業所／ワークステージりぷる施設長

　東日本大震災直後から、被災地支援がはじまりました。当初、現地の活動も得られる情報も少ない状況でした。気概だけが先行していましたが、1か月が経とうとする頃には、「私たちがやるべきこと」も少しずつ具体的になりました。そして、派遣される職員に現地の情報や事前準備、心構えを伝える必要性が高まりました。知的発達障害部会に所属する多くの施設から派遣される職員が混合チームとして活動するために仲間意識を持つことも求められました。

気概と不安

　平成23年5月初旬までの派遣チームは、本部からの指示と情報のもとに活動しました。4期（4／8～）以降は、複数法人の職員でチームがつくられ、派遣当日にはじめて顔を合わせました。当初の指示と情報は被災地の混乱もあり、要現地確認が主で非常に少ないものでした。「誰と、何を、どのような環境で行うのか？」ほとんど手探り状態だったことを覚えています。実際に現地での体験は、五感すべてで感じる衝撃があり、気概以外のあらゆる面で準備ができていないことを思い知らされました。今となっては、それが不安となり、自分の言動さえも変えてしまう恐れを感じたのだと思います。この経験は、派遣される職員が必要な情報を知り、準備をするための事前オ

リエンテーションの必要性につながっていきました。

伝えることの整理

　少しでも早いオリエンテーションの開催をめざして、準備をすすめました。本部を中心に既に派遣されたチームのリーダーが実体験から必要な項目を整理していきました。自分たちが「事前に知りたかったこと」と「派遣を終えて必要と思ったこと」が中心となりました。事前に知りたかったことは、①本部による経過説明、②これまでの具体的活動の報告、③派遣先での衣食住を含む生活環境について、④現地での一日の流れについて、⑤携行必需品（個人装備）、⑥心構え、⑦注意事項にまとめられました。また、最も大事にされたことは、「チームとしての意識づくり」でした。オリエンテーションでは、十分な時間をとり、グループワークを必須としました。アイスブレイクをおりまぜながら、自己紹介、今の想いの共有、チームのスローガンつくりを通して個人やチームとしての心の準備をねらいとしました。また、「派遣後の状況について」を資料にまとめ、派遣から帰った後のクールダウンの必要性にも触れることにしました。

派遣オリエンテーション

　当初の予定より遅れて第一回目の派遣オリエンテーションは平成23年5月7日、ゴールデンウィーク明けに行われました。その後、5月18日、6月22日、7月19日と平成23年9月以降の新たな派遣体制となるまで計4回開催されました。

　派遣オリエンテーションでは、被災地の実際の写真を見ながらの活動報告や経験者のエピソード、グループワークを通して情報を共有しました。時間が経つにつれて会場の空気が良い意味で張りつめていく感じが忘れられません。

　最後にオリエンテーション各回において強く伝えたことを書き記します。
【3つの約束】

・現地に行く気持ちを事前に整理し、共有しよう
・支援者としての心構えが基本です
・安全第一!自分の身は自分で守ります

　すべての派遣職員が、自発的な気持ちを持って、個人の価値観や興味にぶれることなく、心身ともに健康に、派遣から帰った後もこの経験を生かして活躍の幅を広げてもらいたいと祈りを込めたことを添えさせていただきます。

～派遣職員オリエンテーション資料1より～

第3章　気仙沼へそれぞれの想い

8 学校送迎のマニュアル作成・チーム支援について

中尾 美佐子（なかおみさこ）

社会福祉法人正夢の会コラボたまワークセンター
つくし支援課長補佐（当時）

　4月25日より1週間、東京都社会福祉協議会の復興支援チームとして宮城県気仙沼市へうかがいました。「私たちの分も頑張ってきて」と送り出してくれる東京の仲間の想いも届けたいという気持ちで現地へ訪れました。現地では、チームで役割分担をしながら連携して学校送迎支援、通所施設・ケアホームの支援、瓦礫の撤去等の復興支援を行いました。

学校送迎

　津波で道が寸断されスクールバスが通れず学校へ行けなくなっていた子どもたち8名を車で送迎しました。避難所や親戚の家で暮らしている子もいました。万一の津波に備え送迎は山沿いの道を通りましたが分断された道は地図通りに進むことができませんでした。学校まで片道1時間30分もかけての移動で子どもたちにはしんどいと思いました。車内で大きな声を立てずにはいられないお子さん、逆に感覚の敏感があり大きな音が苦手な子もいました。子どもたちに少しでも安心して車内で過ごしてもらえるように、子どもの特徴を考慮し座席の配置を工夫しました。また感覚過敏があるお子さんにはご自宅で愛用しているCDレコーダーとヘッドフォンで好きな音楽を車内で聴いてもらうことで苦手な刺激を軽減する支援を行いました。子どもたちの中には好きなことや苦手なことなどが丁寧に記された「サポートブック」

をご家庭から持参されている子もいて、その子の特徴をすぐ把握することができて助かりました。普段から「安心できる余暇」や「情報共有ができるツール」等があることや日々の支援の大切さについて再認識しました。

学校送迎マニュアルの作成

送迎車内で激しく動きまわってしまうお子さんがいました。スタッフが抱っこして座っても小さな身体の全力でスタッフの手を解き車内をあちこち動き回ってしまい危険でした。支援後にチームで話し合い「ワンボックスの車の中が広すぎて落ち着かないのでは」と予測を立て翌日は別の小型車へ乗ってもらったところ、前日と打って変わって車内で落ち着いて座っていることができました。学校送迎を希望している人はまだまだいる様子で、送迎車、支援者を増やしていく必要がありました。ルートの整理など課題もあり

ました。また支援チームは約1週間ずつでスタッフが交代していく状況でした。子どもたちの特徴や道路状況、支援の継続を行っていくための情報共有ツールが必要と考えて、学校送迎マニュアルを皆で作成しました。状況が日々変化する中で学校送迎マニュアルもその都度更新されていっていました。

チーム支援と当時を振り返って

　復興支援チームは知らない者同士が集まってのチームでした。最初は「初対面の方々とうまく連携をとっていけるだろうか。」という少しの心配もありました。けれども皆が「被災者の方々の声に耳をかたむけながら復興支援を行っていこう」と共通の想いを抱き、チームでたくさん話し合いを行っていく中で、気がつけば自然とチームはまとまっていました。それぞれのスタッフが現場に真剣に向き合っていくことが最終的にチームワークにつながったと思います。

　改めて当時を振り返ってみると、福祉の原点を学ばせていただいたように思います。マニュアルの整備、情報の共有、チームでの支援、すべては「支援を必要とする方が安心して過ごせるように」原点はそこにあり、そこをしっかりやればやるほど色々なものごとが整備されていく。また自分一人ではなく関わるスタッフ各々が大切と思うことを共有し合いながら支援を行っていくことの大切さを気づかせていただきました。日々の支援の積み重ねにおいて何ができるか。そのことを考えながら今後も支援を行っていきたいと思います。

第3章 気仙沼へそれぞれの想い

障害児の通学支え3か月
送迎ボランティア終了
気仙沼

東京の障害児施設職員らが3か月にわたり続けていた県立気仙沼支援学校（気仙沼市）の児童・生徒の送迎ボランティアが19日、終了した。

同校に通う気仙沼市と南三陸町の知的障害児は74人。このうち10人は、沿岸2か所の自宅が津波で壊され、スクールバスで送迎できなくなっていた。保護者らが市障害児者生活支援センターに支援を要請し、NPO法人・東京都発達障害支援協会などの団体が小回りの利くワゴン車を提供、協会員の知的障害児施設の職員らが4月21日から送迎してきた。

先月末に小泉大橋が開通し、バス送迎が可能になったため、同校高等部2年の皆藤吉輝君らの母、幸虔さん（45）は「一時は通学を諦めかけていたが、笑顔で毎日登校する子供の姿に励まされた。本当にうれしかった」と話す。同校の西脇正彦校長も「昼間の支援が大きな力になった」と感謝する。

調整役を担った同協会の柴田洋志理事長は、「通学手段を確保するという支援は一段落したので、今後は障害者を雇う事業者の手伝いなどに重点を移したい」と話している。

「おはよう」「久しぶり」。送迎ボランティア最終日も、笑顔であいさつが交わされた（19日、気仙沼市の県立気仙沼支援学校で）

仮設庁舎で業務開始
女川町

津波で町役場が全壊した女川町は19日、高台に設置した仮設庁舎で業務を開始した。

町民の女性は「明るくて利用しやすい。少しずつ復興が目に見えるようで、ほっとする」と話していた。

仮設庁舎は、町立女川第2小学校の校庭を借用し、プレハブ2階建てで延べ床面積約1700平方㍍。3連休明けの業務初日、3階窓口までの通路は、書類やロッカーなどの備品の多くがまだ運ばれていないこともあり、訪れた60歳代の女性は「明るくて利用しやすい。少しずつ復興が目に見えるようで、ほっとする」と話していた。

平成23年7月20日 読売新聞東北版

9 つながりの大切さを実感

渡辺 和生（わたなべかずお）
社会福祉法人みずき会八王子平和の家　施設長

　私は復興支援第十班として現地へ向かい、葬祭場の瓦礫撤去・汚泥除去、ケアホームの支援を行いました。市内を案内してもらいながら話を聞く中で、東北の方の気持ちの暖かさや強さにふれました。
　また、今回の派遣で多くの人たちが、自分が今できる範囲で支援をしようとし、つながりが持てたと感じました。この貴重な体験を忘れずに、常日頃よりつながりを大切にしていかなければと思います。

復興支援にあたって

　4月29日〜5月4日まで社会福祉法人みずき福祉会の3事業所6人で復興支援第十班として現地に入りました。
　震災当日、私の勤務する事業所もかなりの揺れを感じ、その後の計画停電やガソリン不足への対応にあわただしく追われながらも、東北の皆様を心配しながら過ごしていました。3月後半に合同対策本部が立ち上がり、実際に東北地方の状況や具体的に復興支援チームを派遣することをお聞きし、自分自身何かできることがないか考えていたところ、自法人からも東社協の復興支援チームとして派遣することが決まり、参加することを決めました。
　ゴールデンウィークということもあり、現地に15時間以上の道のりでした。車中にて改めてメンバーとチームとしてできる限りのことを行っていく

ことを確認しましたが、実際に現地が近づいてくると、想像していた以上の光景に驚き、何ができるのだろうかと自分自身に突き詰められている感じを覚えています。

現地での支援

①瓦礫撤去

　葬祭場「アーバン」での瓦礫撤去・汚泥除去の作業を行いました。「アーバン」の横には川が流れており、いまだに家や車など、瓦礫が散乱している状況でした。作業はアーバンの敷地や一階部分に流れ込んだ、瓦礫や汚泥の除去ですが、電気も復旧していない状況なので、手作業となり、果てしなく遠い道のりと感じられました。また、とてもそのような状況ではないにも関わらず、瓦礫を処分に行く途中に、市内を案内してくれ申し訳ないという気持ちとともに、東北の方の気持ちの暖かさにふれとても感謝いたします。案内の途中にでてくる会話の中には、震災時に目の前を人が流れていったこと、とてもありえない場所まで津波が押し寄せてきたこと、今後の生活への不安を静かに淡々とですが語られる姿に、ただただ聞くことしかできない自分自身を歯がゆく感じながらも、それでもこんな大変な思いの中でも前を向いて強く生きていこうとするのが人間なんだと思いました。

②ケアホーム
　利用者の方以外に被災された３名の方がケアホームにて生活されていました。
　水道は派遣期間中も止まっており、毎日給水車がケアホームに来て給水を行っていました。日中の支援としては、利用者さんとともに散歩やドライブ、昼食・夕食作りや必要な生活品の購入等を行ってきました。
　人は、危機の時に団結するといわれています。今回の派遣でとても感じたことは、多くの人たちが「お役にたちたい」との思いで、実際に現地に行かないにしても自分が今できる範囲で支援しようとし、つながりが持てたことだと思います。そして、日本全国で応援しあう姿が、人間の本質と思えたことです。この貴重な体験を忘れずに、常日頃より、つながりを大切にしていかなければと思います。
　最後になりますが、とてもつらい状況の中で受け入れてくれた現地の皆様、宿泊でお世話になったはんとく苑の施設長、職員、利用者、ご家族の皆様に心より感謝いたします。

～派遣職員オリエンテーション資料２より～

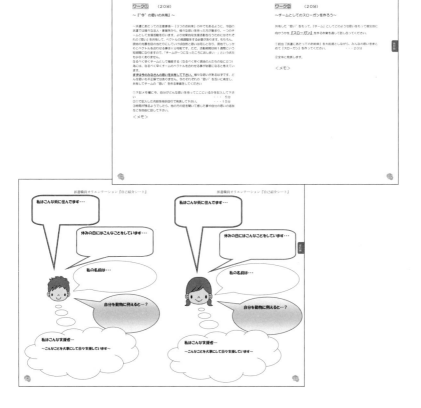

10 復興支援の肝は利用者支援の本質だった

根本 昌彦 (ねもとまさひこ)

社会福祉法人フロンティア
いけぶくろ茜の里主幹補（看護師）

　発災から約２か月後の５月上旬、私たちは東京都社会福祉協議会の復興支援第十一班として気仙沼市内において、障害者雇用を行っている結婚式場"アーバン"の早期営業再開を支援する目的で現地入りました。主な作業は、津波で被災した建物内のがれきや砂（津波の砂は泥状）の除去でした。この作業を通じ、被災直後から始まった復興支援がどんな結果を生み出したのか。また、復興支援を通じて我々は何を感じどのように変化していったのかについてここで話していきたいと思います。

出発まで

　災害発生時、東村山にある施設で勤務していた私は、日頃働く建物（８階建て）が目に見えて大きく揺れ動く姿をまざまざと見て「これはただ事ではないな」と感じていました。

　まだ揺れが収まらないうちにスマホ（twitter）で、情報を集めたところ、震源地は東北で東京よりも東北で大きな震度だったことを知りました。しかし、その時点で東北地方を襲った大きな津波を知る由もなく、自分の職場の応急対応に集中していました。

　津波のことを知ったのは夕方のニュースでした。

　その後、数日がたち東北地方で発生した津波の被害が甚大であること、こ

れまでにないレベルで復興支援が必要であること、東京都社会福祉協議会（以下東社協）でも復興支援（以下支援）をはじめたことを知りました。自分の職場でも組織的に支援が行われはじめていましたが、私は東社協の支援が、さまざまな準備から現地での活動の自立度合が高いと感じ、東社協から参加することを選択しました。

現地の雰囲気

　現地までは参加メンバーが交代しながら運転していきました。東北自動車道は応急処置でやっと通行可能な状態で、高速道路としては相当にでこぼこでした。法定速度であっても頻繁に車がジャンプしてしまうほどで長距離を走るのはとても厳しいものでした。

　しかしそんな厳しい行程を忘れさせるほどの光景が、現地の気仙沼に着くと目に飛び込んできたのでした。建物は斜めやひっくり返っているし、ぺしゃんこになった車があちらこちらに放置されていました。原型を留めない建物や家財道具の山々（瓦礫）は所構わず山のように堆積しています。自衛隊と警察と消防が必死に仮設道路を作り水や食料を配布しています。救助活動のヘリは頻繁に飛び交っていました。なによりもそこに人々がいて生活しているのです。そして激しい腐敗臭。それらの光景を目にした私たちの居る車内は数分間無言になり、誰かが発する感想めいた発言も重いものばかりになりました。

　このようにして私たちは現地入りし、始めに地元の方々や現地派遣スタッフからのレクチャーを受け、割り当てられた現場である結婚式場「アーバン」での作業が始まりました。

現地の方の指示

　先にも書きましたが「アーバン」は障害者雇用を積極的に行っている会社で、そこで働いていた障害者の方たちとともに作業を行いました。

　結婚式場アーバンは大川という気仙沼市内では一番大きな河川の真横に立

地しているため、津波の影響で建物内に砂（ほぼ泥状）や瓦礫が大量に流れ込んでいました。大川の川の中には家が丸ごと流されてそこにあり、車や家財道具も川の中にありました。

対岸の町は火災の影響もあり原型を留める家はひとつもないといっても過言ではありませんでした。ガス水道が止まっており、かろうじて電気だけは数か所のコンセントに決まった時間だけ供給されている状態でした。

現地で発災直後から支援に入った先人たちが相当に作業を進

写真1　清掃前

めており、大きな瓦礫は取り除かれておりましたが、津波の砂（深い海底の砂で泥状）を洗い出すのが我々の作業でした。

しかしここには一つ問題がありました。作業は現地の方の指示に従って進めていたのですが、現地の方の指示は「先ず一階を掃除してほしい」「次に二階をやってください」という感じで、効率良く作業するというよりも、痛々しく見るに堪えない風景を消してほしい（気になった順番で作業してほしい）といったような指示でした。

それが現地の考えならばと思い、淡々と掃除をしながら数日がたったころ、同じ復興支援スタッフが「アーバン」のトイレを完璧なまでに綺麗にしたいという提案がありました。（写真１）

数日かけてトイレを綺麗にしたところ、そこはまるで被災前のレベルになりました。勿論水が出ないので、支援側の自己満足かもしれないと思いつつ、

それでもあまりの綺麗さに、現地の方をお呼びし「実は使えないのはわかっているのですが、ここを綺麗にしてみました」とお話したところ、驚いた顔をなさりながら「キレイですね」と何度もおっしゃっていました。（写真2）

現地の方は、そのトイレを見終わるとおもむろにトイレに張り紙をされたのです。その張り紙には、「清掃ずみ入室禁」（写真3）と書いてありました。掃除する必要のないところを掃除したので気分を悪くされたかなと思い謝ったのですが、真剣な顔をされながら「つらいときにここを見に来ます」とおっしゃるのです。「ここだけは震災前のままです。このトイレは、また結婚式場を再開できるかもしれないと思える希望の場所です」とおっしゃるのです。

その日頃から、現地の方が話す内容も少しずつ変わり始めました。

「効率よく片づけるにはどうしたら良いか」「職場が再開す

写真2　清掃後

写真3　トイレ前貼り紙

るにはどうすればよいか」等と支援スタッフと前向きな協議を持つようになりはじめたのです。それらの台詞を聞いたときは本当に嬉しかったのを覚えています。

　しかし、なぜ私たちの支援の段階で現地の方の意識改革が起きたのでしょうか？発災からずっと支援してきた方々の時はどうだったのか？その答えは東京に戻り暫くたってから見つかりました。

　発災直後、現地の方々は、支援をどう受け入れて良いのか？東京から来る見知らぬ方々をどのくらい信じて良いのか？中には「早く帰ってほしい」等という台詞もあったと聞きました。そんな台詞も、家族や家を失い、町ごと失った皆様には至極当然なものと思いました。

　復興支援に行かれた方々（特に初期）は何とか力になりたいという強い想いを持ち参加されたと聞いています。そのような方々の熱意と、現地の方々の激しく折れた心を繋ぐものはなんだったのでしょうか。

　その答えは、日ごろの支援にあったと思います。障害のある方々には、自己肯定感が低く否定されがちな人生を送ってこられた方が少なくありません。そんな彼ら彼女らに何時も寄り添い見守り、タイミングを見ては有効なアプローチで心に働きかけ、成長や自立を促す仕事を行っています。

　被災者のお立場が障害者と同じとは言えませんが、大変な思いをして自己肯定感も持ち辛くなった人に何が必要かを知っている、そんなことも現地の方に少しでもお役に立てた一因だと感じています。

　現地の方々に、押さず引かず、寄り添い見守ることを継続し、徐々に現地の方々の心に近づく。そういった初期のころからの継続的な支援があったからこそ、トイレの掃除を通じた現地の方の気持ちの立ち上がりに関与させていただけたのだと思いました。

　現在、東日本大震災の復興は、現地の方々の努力と深い地元愛により、不足の部分も多くありながらも着実に進んでいると思います。そんな復興支援

に関われたこと、特に専門分野を生かした支援ができたことについては素直に喜びを感じています。復興支援は単に東日本だけの問題ではなく、日本全体（国民全て）の課題としてこれからも考え続け、何らかの形で関わり続けなければならないと思います。知的障害者の支援を行う我々もその一員として、復興支援の経験を生かし、よりよい福祉サービスの提供に努めなければなければと思います。

　文末になりましたが、現地の方々の更なる発展を心から応援するとともに、復興支援をサポートしてくださった東社協の全ての皆様に深く感謝します。

11 被災地派遣で感じたこと

野田 恵子（のだけいこ）
社会福祉法人同愛会大泉福祉作業所

5月7日から4法人12名で現地へと向かいました。今、どのような状況なのか？自分たちに何ができるのか？不安のなかでの参加でしたが、現実に起きている事を目の前に、色々と考えさせられる6日間でした。

各施設から集まった仲間と

　5月7日に各施設から集まった仲間と、車で現地に向いました。車中は、初めて会う人たちということもありますが、これから待ち受けているだろう悲惨な光景を思い、自然と空気は重いものになっていました。高速道路は開通していましたが、北上していくにしたがって道路は歪みや亀裂が見られ、車がバウンドします。

　現地でチーム12名が全員集合し、前チームからの引継ぎを受け、その日はそのまま宿泊となりました。到着後より、体感のある余震が度々あり、怖く感じたことが思い出されます。

「必要とする支援」は何かを考え

　2日目からは、宿泊先をはんとく苑に移し、軽度の知的障害者を積極的に雇用している地元の葬祭場「アーバン」での瓦礫撤去・汚泥除去等の作業に携わりました。アーバンは2階建ての結婚式場で1階部分に海水が浸水し、

ガラスは割れ散乱し壁や床には全面的に砂や汚泥が付着し、排水管もつまってしまっている状態でした。電気の復旧も間に合っておらず、そのため発電機で高圧洗浄機を動かしながらの洗浄作業となりました。明かりの少ない室内での作業で、足元に散乱する危険物に注意をしながら、排水管のつまりを取りながらの作業となり、非常に効率が悪くなかなか進みません。また、2階の宴会場の隣の厨房では、浸水時に汚泥に浸かってしまった食器類を1枚1枚手で洗う作業を行いましたが、作業の終わりが見えない程の食器類の山や、洗浄したものを置いておける清潔な保管場所がないため、汚れが残る場所に戻すしかない現状に疲労感が伴ったことが思い出されます。

　3日目以降からは、アーバンでの作業と、被災した地域のケアホームのヘルプ、周辺地域（気仙沼・南三陸）の特別支援学校の送迎の3チームに分かれての活動となりました。アーバンで働いている方々とともに作業にあたる場面もありました。津波直後の情景を「野球場のネットに無数の遺体が引っかかっていた」と、状況そのままの言葉を使って話し伝えてくれる軽度の障害者の方たち、その一方で、当時のことはもちろん、現状も語ることのない職員の方たち。どの人たちも、心の中に消えることのない悲しみや恐怖を抱えて過ごしているのだと感じ、私たちにできる支援とは何かと考えさせられました。また、はんとく苑から、アーバンまでの道のりは、辺り一面瓦礫しかみられず、街があった面影すら感じられない地域、被害はあったものの何とか生活はしている地域とが津波被害があったかなかったかの境界線がくっきりとできていました。震災後2か月が過ぎようとしていても、復興の兆しが見えない沿岸部の景色は、私たちも、とても重く暗い印象を受けました。被災当事者がどの様な気持ちでこの状況を見ているのかを考えると、写真をとることも憚れる思いがしました。

　滞在中、夜中に余震を感じ何度も目が覚めました。しかし、宿泊場所を提供して下さったはんとく苑の利用者さんたちが元気に運動していたり、笑顔

で話しかけてくれたり、大変ななかでも優しい心遣いで接してくださったスタッフの皆様の対応に、私たちが励まされました。自分たちは、東京に戻れば余震を感じることや被害状況を直接目にすることはなくなります。しかしその中で、復興をつづけていかなければならない方たちがいます。その方たちが「必要とする支援」は何かを考え、微力でも続けていかなければと感じました。

最後に

　翌年８月に、ケアホームと気仙沼相談支援センターへ伺う機会がありました。気仙沼の沿岸部の瓦礫は概ね撤去され、更地になっている状態でした。センターの方に震災当日の映像を見せていただき、気仙沼市内も案内していただきました。「今、ようやく話せるようになってきました」「話すことで、自分たちの気持ちを整理しはじめています」と笑顔でおっしゃっていました。また、折しもその日は、気仙沼市のお祭りが開催される日で、街には笑顔で話をする人々がたくさんいました。その中で夜空に上がる花火を見上げている老夫婦が「きれいだな…みんなで見たかったな…」と呟いているのが聞こえてきました。場所が整理され、復興は少しずつ進んでいるように見えても、本当の復興はまだまだこれからなのだと強く感じる一日でした。

第3章　気仙沼へそれぞれの想い

絵　斉藤啓太

アーバンチャペルでの支援を通して

木村 美菜（きむらみな）

社会福祉法人恩賜財団東京都同胞援護会
指定障害者支援施設さやま園生活支援員

　アーバンチャペルは、気仙沼港を見渡せる高台の上に立っています。幸い震災の大きな被害を免れたチャペルは、緑色の屋根と白い外壁、そして立派なステンドグラスを要した荘厳な雰囲気に包まれていました。そしてそこからの景色は、津波の大きな被害を受けた気仙沼の町や海が広がっていました。

初日に…

　私達のグループは、主に3つに分かれ支援を行ないました。
　①南三陸のケアホームでの支援　②特別支援学校の送迎とアーバンチャペルでの支援　③アーバンチャペルでの支援でした。私は③のアーバンチャペルでの支援を行ないました。

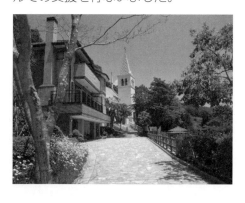

　アーバンチャペルでの支援は、津波によって泥まみれになってしまった、お客様の台帳の泥を1枚1枚落としていくというものでした。津波に持っていかれず残った台帳は、チャペルの横にある社長の家の駐車場に保管されていました。台帳はアーバンさんが気仙沼

の方々に多く信頼され利用されてきた証です。そのため、その数は何十冊にも上りました。

その多くの台帳をどのように泥を落としていけばよいのか、初日の私たちは悩んだのを覚えています。

日々の支援の中で…

私たちはチャペルに着くと、まず外にブルーシートを広げ、駐車場の倉庫にしまった台帳の天日干しからはじまります。乾いてからでないと泥が落ちないため、出来るだけ1ページ1ページが乾くよう広げた状態で台帳を立たせ干します。

作業は、駐車場のスペースを借りて行いました。台帳は汚泥で汚れているため、上下カッパを着て、防塵マスクと埃が目に入らないよう防塵メガネをしました。そして使い捨て手袋をはめ作業開始となります。5月の下旬でもその恰好は暑く、休憩をとりながら行いました。

汚泥の汚れは、洗剤のいらないスポンジを使い、1枚ずつ乾いた泥を落としていきます。それはとても根気のいる作業のため、もっと早く泥のとれる方法はないのか、一緒に支援を行なっている人たちと携帯のネットで調べたり、私は職場に電話をし、紙屋さんに泥を取る方法を聞いてもらったりしました。しかし、結局今やっている方法が一番効率的にきれいになるということがわかり、その方法で行うことに落ち着きました。1日で皆ができる冊数は限られていましたが、徐々にきれいになった台帳が増えていくことで、モチベーションが上がっていきました。

出会った人々…

そしてもう一つ私たちの作業のモチベーションとなったのが、一緒に作業をしたアーバンの障害者雇用で働いていた2人の方でした。私たちは彼らの作業に向かう真摯な姿や、休憩中に話してくれる気仙沼のこと、楽しそうな

笑顔を見るたび、心が和み、いつの間にか、私たちが元気をもらっていたことに気づきました。また、アーバンの従業員の方たちと毎日話をする中で、震災前の楽しい話だけでなく、震災時の辛い体験の話、現状についてなどさまざまな話を聞きました。「ここ（チャペル）からの花火大会の花火はとてもきれいに見えたのよ。」と寂しそうに呟いていた言葉。その花火大会が再開した今、そのきれいな花火を見にもう一度気仙沼へ行きたいと思っています。

～派遣職員オリエンテーション資料3より～

気仙沼へそれぞれの想い

13 未曾有の震災 辛い体験をしながらも前に進んでいく「第二高松園」のみなさん

森谷 和徳（もりやかずのり）

社会福祉法人武蔵野デイセンター山びこ（当時）

　社会福祉法人「洗心会」が運営する「第二高松園」は、気仙沼市の東部、唐桑町只越の小高い場所にあります。高台という土地柄、震災による直接的被害は大きくなかったようですが、ライフラインが途絶える中、また、十分なスタッフが集まらない中、利用者の方々の生活、生命を守るべくご尽力されていました。私たちがお伺いしたのは、震災後、5ヶ月が経った8月の半ばでした。

はじめに…

　私たち東京復興支援No.32チームは、主に、男性5名と女性1名、現地スタッフの計6名で支援活動を行いました。

　前日から現地入りしたメンバーは、それぞれに"自分に何かできることがあれば"、"少しでも何かの役に立ちたい"など、熱い志を胸に参加しました。そんな中、初日に私たちが依頼されたのは、知的障害者支援施設「第二高松園」にて、利用者の方々とともに活動をしてほしいということでした。第二高松園では、震災後、決して十分ではないスタッフの人数で日々の支援を行っていて、活動を提供することもままならないようでした。

　私たちは、どのような活動を提供したら園のみなさんが少しでも元気になれるかを考えました。反面、東京から来た私たちとは、震災によるダメージ

に差異があるであろうし、受け入れていただけるか一抹の不安も残りました…。

現実の被害を目の当たりにする

　翌朝、私たちは入念に活動の打合せをした後、園へと車を走らせました。向かう道中、被災地のあまりの無残な光景を目の当たりにして私たちは言葉を失いました。それは、テレビの画面を通して観た光景とは感じるもの、伝わるものがまるで違いました。一瞬にして人々の生活、日常を奪ってしまった自然の脅威、こんなことが実際に起こるのかと誰もが目を疑いたくなるような光景がそこに広がっていました。メンバーの中には自然と涙がこぼれる者もいて、私たちは暫し無言になりました。

私たちが出来る事は一緒に楽しむ事

　園に到着すると熊谷施設長をはじめ、畑山さんや他の職員の方々があたたかく迎え入れてくださいました。活動の前に応接室に通され、津波が町を襲うビデオを観ました。人や家、車などが巨大な津波に飲まれ、流される様相は、ニュースでは流れないようなものもあり、私たちはさらに気持ちが沈みそうになりました。しかし、今日の私たちの役目を思い返し、"できるだけ元気に園のみなさんと一緒に楽しもう"そう決意し活動に臨んだのを覚えています。

　椅子をまるく並べた食堂スペースでは、２、30名の利用者の方々が休憩されていました。その時の印象は、どことなく元気がないような、退屈そうでもあり、疲れているのかなと思われるほどでした。そこに突然私たちが現れたものだからみなさん一様に驚いていました。

　私たちはまず、元気に挨拶と自己紹介をしました。続いて、みなさんが知っていると思われる曲、「世界にひとつだけの花」と「さんぽ」を全員で唄いました。その頃には徐々に利用者の方々に笑顔が見られはじめ、前に出て一緒に歌う人、真ん中のスペースに出て踊る人などなど、それぞれに楽しんで

いただいているのがわかりました。

次は、ペットボトルボウリングと風船バレーです。積極的に"やりたい！"という感じで何度も挑戦する方、まだ私たちに馴染めないでいる方などさまざまでしたが、私たちは全員の方と関われるよう働きかけ、楽しさを共有するよう演出しました。

最後は、当時流行していた「マル・マル・モリ・モリ！」を披露しました。一夜漬けで覚えた振り付けなので自信はありませんでしたが、利用者のみなさんは、"私も知ってるー！"とおっしゃっているように大いに盛り上がってくれました。スタッフの方々も一緒に踊ったり、笑ったり、そこでの空気が一体となったのを感じることができ、私たちは感動し、嬉しさが込み上がりました。

そして、私たちの活動の後には、お返しとして、園のみなさんが「きよしのズンドコ節」を披露してくれました。

活動を終えた後、私たちは、「もっとここで園のみなさんとともにいたい」、「本当に素敵な時間を過ごすことができた」などなど、さまざまな思いが胸に去来していました。

最後に…

利用者の方々は、言葉では思いを伝えることは難しく、震災前とは大きく変わった生活の中、辛い思いもあるであろうに、私たちをあたたかく迎え入れてくれました。

今回の体験で私たちが感じたことは、支援とは、物質的な支援は勿論の事、このような交流が少しでも励みになること、人に明るさや笑顔を取り戻すきっかけになることを実感させてくれました。そして、この出会いが逆に、私たちを前向きにしてくれた出会いだったと感謝の気持ちでいっぱいになりました。

最後に熊谷施設長がおっしゃられていた「今回の震災によるさまざまな被害は、復興ではなく新興の必要性がある」との言葉が印象に残りました。

園のみなさまの生活が一日でもはやくもとに戻り、安心を取り戻せるようにしっかりとした基盤がつくられることを切に願っています。

第３章　気仙沼へそれぞれの想い

14 被災地で子どもたちと

本多 公恵（ほんだきみえ）

居宅サービス事業者ネットワーク
社会福祉法人滝乃川学園地域支援部

　平成23年3月11日東日本大震災がおきました。私は、ヘルパー派遣をする都内の事業者の任意団体「居宅サービス事業者ネットワーク」（以下・居宅ネット）で活動していました。ヘルパー派遣では、放課後や終業後の時間帯もしくは休日に社会参加や遊びを通して、主に知的障がいのある方にさまざまな経験をしていただこうと思っています。震災により、現地の障がいのある方々がどのように過ごしているのかとても気になりました。

被災地に出向いて

　3月28日東社協の合同対策本部（以下・合同対策本部）が派遣するメンバーに、居宅ネットの代表と二人で同行させていただくことをお願いし承認をもらいました。まださまざまな混乱が続いており、ガスコンロ、灯油と灯油ストーブ、ガソリンなどと、被災者用の保存食、自分たち用の飲食物を山積みにしての参加でした。現地入りしての様子は他の方が書かれると思うのでそちらに譲るとして、私たちはさまざまな名簿を頼りに、南三陸町と気仙沼で子どもの支援をしている事業者や社会福祉協議会等でヘルパー派遣をしている事業所を回り、事業所の被災状況と登録されている子どもや障がい者の安否を尋ねて回りました。

東社協の方々と行動を共にしていたので、大きな避難所にも出向きました。しかし、障がいのある子どもの姿を確認することはできませんでした。「いったい子どもたちはどこでどのように過ごしているのだろう」。ずっとそのことが気がかりでした。

子どもクラブを開催するにあたって

合同対策本部が継続して支援者を送り続けていたので、その情報の中から子どもたちの話が少し聞こえてきました。特別支援学校への送迎が遮断され、通学保障ができていないので小回りの利く車で、東京チームが4月末から送迎をはじめたということでした。

ゴールデンウィークには居宅ネットのチームを作り、現地を再び訪問しました。移動手段が絶たれ、ヘルパーを使うこともできず、孤立した家族とともに子どもたちは過ごしていました。3月に比べ多少瓦礫などが整理されつつあったものの、この中で子どもが遊んでいるのかと思うと心が痛みました。

この現状を目の当たりにし、自分たちに何ができるかを模索しました。子どもたちは、その親たちは何をしてほしいだろうかと考えました。そんな時、伊里前小学校の教頭先生より、JDD（日本発達障害ネットワーク）市川先生を通じて夏休み中のこどもたちの日中の過ごし方についての相談が来ました。これからやってくる長い夏休み、被災地の子どもたちは、どんなふうに過ごすのだろう、安心できる人と安全な場所で遊びを提供したい、そこに我々ができることがあるのではないかと思いました。そして子どもと一緒にひと夏を遊ぶ「夏休み子どもクラブ」を行うことにしました。

どんな子どもたちがいるのか、何をすればいいのか、どこでやればいいのか、すべてが手探り状態でした。でも、やることは決まりました。合同対策本部の全面的なバックアップを経て、居宅ネットはヘルパーと特別支援学校の先生方を集め、ボランティアで子ども（小学生〜高校生）を預かることにしました。ヘルパーは、支援してその時間数に合わせて給料をもらうしくみ

です。東京でも夏休みは繁忙期ですので、本当に支援者が集まるのか不安でした。しかし、居宅ネットに呼びかけたところ、多くのヘルパーや障がい児学童保育の支援者が参加の意思を表明してくれました。同時に日ごろお世話になっている特別支援学校の先生にも協力を依頼し、窓口となっていただく先生を決めました。

実は居宅ネットがチームに先生たちの協力を仰いだのには理由がありました。私たちは子どもを預かることについてプロであると認識しています。でも、心にダメージを受けている子どもの大切な1日をどう過ごすか、社会資源がなくなってしまった被災地で・・・と思うと良い案が浮かびませんでした。そこで、一日の過ごし方の工夫や教育的視点で楽しい活動を考えるプロである先生方に、また個々に音楽や工作などの得意分野がある先生方に、毎日のカリキュラムを作っていただくことにしたのです。

でも、「子どもクラブ」は学校ではありません。きっちりしすぎるプログラムであったり、教育的側面が強く出てしまうことがあっては、夏休みに楽しく過ごしてほしいと願う我々居宅ネットの趣旨から離れてしまいます。そのあたりを先生たちには良くお願いし、「たとえ流れに乗れない子どもがいても無理にグループの活動に引き込まない、そこはマンツーマンでヘルパーとして我々が支援する」ということをお互い確認し合いました。

先生方の窓口の役割を担っていただいた、武蔵台特別支援学校の深井先生、七生特別支援学校の平井先生、大沼先生には特に先生方を取りまとめ、順番に送って下さる手筈を整えていただき、今回の活動への我々の想いと目的を理解し、参加する他の先生に伝

えていただけたことが、成功につながった一因だったと思います。

　そんな中、東社協の東京チームが学校送迎で地元の親御さんの信頼を得て、現地でコーディネーターを務め指揮を執っていた高瀬さんが、地域の小学校と交渉をしてくれたおかげで小学校の教室の一部をお借りできることになりました。本来は、公共のそれも学校をお借りするのですから、おそらく教育委員会にお伺いを立て、といったプロセスが必要であったかと思いますが、校長先生がその場でご快諾くださったと聞き、そのご英断に感謝するとともに涙があふれたことを思い出します。これがなければはじめられませんでしたから。

　そこからはまさに怒涛のような準備の日々でした。東京チームが借りている「はんとく苑」に、我々のチームも加えて宿泊させていただくことになりました。東京チームは車で１週間単位で交代していましたが、居宅ネット＆先生チームは、車で電車でバスで、さまざまな方法で、１泊２日から６泊７日まで、それぞれの都合のつく範囲でまったくバラバラに参加します。はんとく苑も南三陸町も不便なところにあるので、最寄りの駅まで時間に合わせて送迎も必要となり、東京チームの方には多大なご迷惑をかけながらその任の大半を担っていいただきました。後日その対応をしてくれた方が、「長く現地に滞在している自分は疲れが溜まっている中で、次々違う人がやる気満々で来てくれて、自分の気持ちと折り合いの付けようがなく、あれが一番きつかった。」と話してくれました。このように、すべてのことが多くの人の好意と行為によって成り立っていきました。

子どもクラブの開催

　現地の子どもたちにはおたよりを出し、参加を募る一方で、集まる子どもの数に合わせ、支援者の確保をそれぞれの都合に合わせコーディネートしました。交通手段、駅からの送迎、参加人数確保、東京チームとの連携、事前のオリエンテーションなど東社協の役員の方にお力添えをいただきながら行いました。

　参加する子どもの情報は予めフェイスシートを作成し、ご家族に記入してもらいました。ご本人の好きなこと、得意なこと、コミュニケーションの方法、身辺の自立状況、健康状態、支援者が配慮すべき点など事前にわかることを手紙でやり取りし、お一人おひとりに電話をかけて確認をしました。また活動する学校まで避難所や自宅あるいは避難先からどう送り迎えするか、毎日変わる参加者に合わせルートを決め、キャッチの方法などきめ細かな受け入れ準備をしました。朝から午後までお預かりするので、昼食もお出ししたいが確保が困難な現地でのこと、相談するとはんとく苑がつくるパンを当日朝早く、売って下さることとなり、飲み物も調達していただけることになりました。普段学校送迎してくれる東京チームの人ではないボランティアに、子どもを預けて本当に大丈夫なのか、ご家族の側のご心配や不安もあったかと思いますが、気仙沼の社会福祉法人洗心会主催としていただき、夏には16名の子どもが「子どもクラブ」に集まってくれました。

　先生方は、楽器やペープサート、エプロンシアターまで持参して、子どもたちに夢や希望をくれました。避難所では走り回ることもできないので、広い教室では体育の先生が体操をしてくれ、リトミックやエアロビクスで体を動かしてくれました。マラカスを作って合奏したり、絵本の読み聞かせをしてくれました。現地の「おもちゃ図書館」の鈴木さんがたくさんのおもちゃを貸してくれ、子どもたちは見慣れぬおもちゃに大喜びでした。巡回に来たお巡りさんは、パトカーのぬり絵をくれました。私たちは、手遊びをしたり、かき氷やスイカ割の準備をしたり、少し離れたモーランドに遊びに行くなど

役割を分けて10日間を事故なく終えることができました。

子どもクラブを終えて

　子どもたちは毎日、連絡帳を持ってきました。送迎に行かない支援者は直接ご家族と話ができないので、その日の様子をお互いにやり取りして情報共有をしました。支援者間でも前日には必ずミーティングをして参加する子どもの配慮事項の確認と新しい支援者との情報共有、活動の準備、各ご家庭に送迎の順番や概ねの時間の確認を行いました。

　活動場所と宿泊している場所とは車で1時間半ほどの距離がありました。朝早くから出発し、活動後会場を片付けて帰ると夕方になっていました。そこから食事作りを東京チームの皆さんと行い、ミーティング等をするので本当にみなよく頑張っていたと思います。それも子どもたちの圧倒的な笑顔と純粋さ、ご家族の感謝に支えられてのことだったと思います。

　支援する側として入った私たちが、逆に励まされ元気をもらって帰ったようなこともありました。夏休みが終わって東京に戻り、たくさん撮りためた写真を整理しました。記録用としても残す必要があったのですが、参加した子どもたちにもお礼状と一緒にミニアルバムにして送りました。私たちは感謝の気持ちで送ったのですが、後から「自宅にあった写真が、流されてしまってほとんど残っていないので嬉しかった」という声も聴き、胸が詰まりました。

育成会として

　秋になると今度は、宮城県手をつなぐ育成会（以下・育成会）を通じてまた「子どもクラブ」開催の希望があると話が来ました。夏にも育成会は「子どもクラブ」を見学し親のつながりを作る活動をしていました。必要があればと、また小学校をお借りし「冬の子どもクラブ」を今度は育成会主催で12月26・27日、平成24年1月5・6日の4日間行いました。

　そのころには私たちも直接ご家族とやり取りする機会が増え、「せっかく

冬もやったのだから、キリの良いところで春もやってよ」と言われ今度は入谷公民館で「春の子どもクラブ」を２日間行いました。そして、結局平成24年の夏休み、平成25年の夏休みと継続し、その間には高校生や大学生のボランティアも加わり、地域の方々も支援者に巻き込んで、会場を歌津保健センターに変えながら、育成会の作った常設の「にじのはクラブ」に移行していきました。一方、支援者を現地で育て、働く場を失ってしまった方の就労先としての役割も担っていこうと考えた育成会は、人材育成にも力を注ぎました。私たちはそこで行われた支援者の養成研修に何度となく足を運び、子どもたちの抱えた障がいについての理解や、支援者の役割、あるべき姿、権利擁護などの話をさせてもらってきました。

　平成26年夏「にじのはクラブ」は「一般社団法人虹の橋　にじのわ歌津」となり、はじめての夏に関わった子どもの数人は、「NPO法人奏海の杜　にこまーる」で新しい居場所を見つけながら成長していってくれています。先日、大宮鉄道博物館や東京ディズニーランドにご家族と一緒に来てくれた際には、私たちもボランティアとして支援させていただく機会を得て、またひとまわり大きくなった子どもたちに会うこともできました。「NPO法人泉里会　ケアホームめぐみ」はグループホーム内に近所の被災した高齢者を受け入れながら、数か月を乗り切り、その後子ども支援にも力をいれ「めぐみKID's」を立ち上げました。

最後に

　あれから４年半、現地の状況は思ったように進んではいませんが、この子どもたちがあの土地でこれからも生きていくことに思いをはせながら、自分たちにできることを続けようと思っています。ここに携わってくださったすべての方々に感謝しつつ。

南三陸町夏季子どもクラブ 7日目 プログラム（8月11日）

時間	活動（リーダー）	内容	使用教材
10:00～	①朝の会（山岡）	教員紹介	
		呼名	名札（ガムテープ）
		スケジュール確認	スケジュールカード、ボード
		歌「幸せなら手をたたこう」、「夢をかなえてどらえもん」	キーボード
10:30～	②休憩	トイレ、水分補給	
10:45～	③体操＆ダンス（川口）	ミッキーマウス体操、レッツゴー体操、まるまるもりもり	
		音楽に合わせて動く	
10:55～	④ゲーム（窪田た）	新聞紙を使ったゲーム	新聞紙、ガムテープ・セロテープ
11:15～	⑤パネルシアター（窪田な・川口）	パネルシアターの観賞トイレ、水分補給	パネル台、マット、
11:30～	⑥休憩	トイレ、水分補給	
11:45～	⑦自由時間	絵本、おもちゃ、お絵かき、風船等	絵本、おもちゃ、おえかきセット等
12:00～	⑧昼食（照屋・窪田た）		
13:00～	⑨工作（窪田な）	ペットボトルを使った工作	
13:45～	⑩パラバルーン（福地）	音楽に合わせて、全体でバルーンを動かす	
14:00～	⑫休憩	トイレ、水分補給、帰りの準備等	
14:15～	⑬自由時間	絵本、おもちゃ、お絵かき、風船等	
14:30～	⑭帰りの会（照屋）	絵本の読み聞かせ	
		一日の振り返り	
		帰りの確認	
		歌「にじ」	虹色の布
		あいさつ	
15:00～	送迎		

場　所　：志津川小学校（本吉郡南三陸町志津川字城場41）

参加者　：男子8名　女子3名　計11名　　男子　6歳1名　7歳2名　8歳1名　13歳1名　15歳2名　16歳1名
　　　　　　　　　　　　　　　　　　　女子　7歳1名　8歳1名　11歳1名

設　備　：活動スペースとして2部屋を用意
　　　　　校庭遊具使用可
　　　　　3F調理室使用可
　　　　　廊下中央のフリースペース（ピアノあり）使用可
　　　　　校庭には仮設住宅が建っている。

15 四年間を振り返って

岩田 雅利（いわたまさとし）

社会福祉法人つるかわ学園町田通勤寮施設長（当時）

「はたして、自分が何の役に立てるのだろうか」。気仙沼を初訪問して以来、ずっと考え続けています。被災地のニーズや問題は刻々と変わります。訪れるたび、こちらが被災地から力をもらってばかりです。これからもずっと関心を持ち続け、考え続けていきたいと思います。

当初の支援は

　私がはじめて気仙沼を訪れたのは平成23年9月のことでした。被災後半年が経過し、内陸側の市街地では、ようやく日常生活が送れるようになった頃です。はじめに派遣していただいたのは、気仙沼市障害者生活支援センター（以下「支援センター」）でした。

　被災した支援センターは、当初仮事務所として保健所の1階にあるとても小さな一室で業務を再開していました。私たちの主な活動は、移動支援や引っ越しのお手伝い、来所者のお話し相手などでした。特に路線バスの運行本数がまったく足りていない状況で、自家用車を持っていない方が通院や通勤ができず、移動支援のニーズはとても高いようでした。しかし、当時は道路環境がとても悪く、一筋縄ではいきませんでした。街灯や信号機も満足にない地域がたくさんあり、港周辺では満潮時に水没してしまう道路も多く、危険を感じることも度々ありました。支援センターのスタッフのみなさんも、安

全上単独では運転せず、二人ひと組で動くようにしていました。そのため、地理に不案内な私たちでも支援センターのスタッフと二人ひと組になり、移動支援に協力することができました。支援センターのお手伝いと並行して、本吉町のケアホームめぐみにも派遣していただきました。ホームでは利用者さんの余暇支援でドライブに行ったり、掃除を手伝ったりしました。支援センターの近くで宿泊場所を確保できなかったときには、寝床とお風呂をかしていただいたりもしました。そんな時は、ホームのスタッフや利用者さんと食事をともにしたり、のんびり談笑したりする時間もあり、被災地であることを忘れてしまいそうなくらい楽しい時間を過ごしました。それでも、みなさんから、ふと口をついて出てくる被災の苦しみついては、ただただ耳を傾けることしかできませんでした。

通い続けている訳は

この4年間を振り返って、どうして今まで気仙沼に通い続けているのか改めて考えてみました。なにはともあれ、気仙沼の人たちが大好きで、楽しくて、元気をもらえるから訪れるというのが一番の理由ですが、他にもふたつあるように思います。

まずひとつは、被災地を訪れた多くの方が思うこと…。「はたして自分が被災地のためにいったい何の役に立てたのだろうか」という気持ちをどうに

かしたかったからかもしれません。東京支援チームの引継ノートにも、同じような感想を綴っている人がたくさんいました。被災地の課題やニーズは刻々と変わります。引っ越しや瓦礫処理など、結果が目に見えるお手伝いから、来所者の相談や話し相手などのお手伝いが増えるにつれ、そう思う機

会が増えたように思います。結局、考え続けながら、耳を傾け続けることしかできませんでした。そして、もうひとつの理由は、誤解を恐れずに言えば、私は気仙沼での活動で、福祉を仕事にする者にとっての原点のようなものを味わうことができたからかもしれません。支援センターを頼りにして訪れる方々は、何かに困っていて、誰かに助けを求めている人たちでした。支援センターではそういう人たちに、惜しみなく、できうる限りの手助けをしました。

　あくまでも勝手な印象ですが、「支援」とか「サービス」とか、そういう言葉よりも、人が困っている、だから「助ける」という言葉がしっくりくるように思えました。そういうシンプルなことが当たり前のように行われていました。そこに、制度ありきや、言葉ばかりのサービスとは違う、福祉の原点のようなものを見たような気がしました。私は、この仕事について15年ほど経ちましたが、このときはじめて福祉を仕事にしていることに、自分なりに納得ができた瞬間でした。

復興ではなく新興

　気仙沼のある施設の職員の方が「これは復興ではなく新興だ」とおっしゃっていました。本当にその通りだなと思いました。この現代の日本で、これだけの惨状から福祉を立ち上げていくということは、並大抵のことではないと

思います。今なお、それを実践している現地のスタッフから学ぶべきことはたくさんあるはずです。

　被災地の復興はいまだ見通しがつかないことも多く、時間がたつほど深刻になっている問題もあります。私たちが何の役に立てるのかという自問自答は終わることがないと思います。しかし、同時に、福祉を仕事とする者として、福祉新興の実践を学び、研鑽しあえる仲間として、この縁を大切にしていきたいと思っています。

16 屋敷荘を拠点として

大浦 孝啓（おおうらたかひろ）
社会福祉法人恩賜財団東京都同胞援護会さやま園（当時）

> 屋敷荘を拠点とした支援は、気仙沼市障害者生活支援センターではスタッフの同行補助、来所される利用者の方の話し相手、外出の同行、ケアホームめぐみでは入寮者の余暇支援、日中一時支援を利用される方の対応などその時の状況に応じて多岐にわたっていました。

初めての活動

震災当時は都内の入所施設で勤務しており、交通機関の混乱はあったものの、当時勤めていた施設の中ではほとんど被害がなく、その後に行われた計画停電に右往左往される日々でした。東北圏域の津波、原発など尋常ではない情報は連日報道され、東社協を通して被災地への派遣の情報は得ていたものの、実質的な業務に追われる日々で、『何かやれることはないだろうか』

と思いつつもできることと言えば募金ぐらいの葛藤が続いていました。そのような中、施設長が尽力してくださり、ゴールデンウィーク前後に第10グループの一員として参加させていただくことになりました。震災直後の被災地は悲惨以外なにものでもありません

でした。被災者の方たちは悲壮感と絶望感に溢れていました。支援者の中にも壮絶な現場を目の当たりにし、また現地の人たちと実際に出会うことで、帰京後に「これでよかったのか」「もっとやれることがあったのではないか」と苦しみ、悩む人が多かったようです。

屋敷荘を拠点とした活動

　定期的に訪れるようになった２年目以降、屋敷荘を拠点として活動を続けました。単独での活動が多かったですが、時には他の事業所から派遣されてきた初対面の方と一つ屋根の下短い共同生活を送りながら支援にあたりました。主な活動として平日はセンターでスタッフの同行補助を行ったり、来所者の話し相手、週末や長期休暇はケアホームでの支援が主な活動となりました。

　ある日、センターの方に同行し、津波の被害にあわれ単身生活になられた障がい者のご家庭に行きました。彼は畑を耕していました。「何を育てているのですか？」とお声かけをすると、「何にもねえ」とのお返事。聞いたところによると震災前までは障がいをもった兄弟で生活しており、二人で畑仕事をしていたとのことです。兄がなくなった後も、何も植えられていない畑ではあるものの、震災前と変わらず自分の仕事として耕しているという、障がい者ゆえの生きていく困難さを痛切に感じました。

　現地の状況は瓦礫等はほとんど町中には見られなくなり、手に入らない物はないぐらい物流は復興していました。ただ港の周りは片付いていますが、基礎がそのまま残っていたり、大きな建物はそのまま残されており、震災の爪痕は完全には消えていませんでした。また被災者の心はまだ癒えているとは言えませんでした。当時のことを話したくない方、心の隙間を埋めるために誰かに聞いてもらいたい方、それぞれが立ち直ろうと必死で私は耳を傾けることしかできませんでした。それでも居酒屋に行けば、「東京からきたの。ごくろうさま」、センターでは「いつもありがとう」と言われ、笑顔で迎えてくれました。とても心苦しかった。自分は何をしているのだろうと心の底

から悩みました。1年前に初めて訪れたときの感じた気持ちと何一つ変わることがありません。それでも利用者の方は笑顔で話しかけてくれ、帰るときには「また来てね」と声をかけてくれることがとても励みとなりました。

　最後になりますが、いつも笑顔で迎えてくれるセンターやケアホームのスタッフや利用者のみなさん。あたたかく迎え入れてくださったことに感謝いたします。また、仕事が大変な中でも快く送り出してくださり、施設を支えてくださった施設長並びにスタッフの方たち、本当にありがとうございました。

第3章 気仙沼へそれぞれの想い

~被災地への職員派遣 しおり~

関わりを続けることが大切

鈴木 信彰（すずきのぶあき）

社会福祉法人愛隣会目黒恵風寮

　私がはじめに支援活動に参加したのは4月末、気仙沼市内で障害者雇用をすすめている企業への支援に入りました。復興支援という大切な目的がありつつそこではじめて会う他の施設のスタッフと、日々の障害者支援という私たちの仕事に対する思いや考え方などについてじっくり語り合える場ともなりました。2年目以降はグループホームへの支援などを行ってきました。現地の方に温かく受けいれて頂きとても感謝しています。震災から5年が経ち、支援の縁や関わり続けることの大切さを感じています。

その時…

　平成23年3月11日、私は施設の作業棟で利用者の皆さんと日中活動の最中でした。おやつを終え活動を再開して間もなくに地震が発生。施設長からは隣接の生活棟に戻らず待機の指示がでました。余震が起こる中、耐震性に不安のある築40年近くのプレハブの作業棟で過ごしましたが、18時近くになりやっと利用者の皆さんを生活棟に戻ってもらえました。

　情報が少ないなかで待機していたのでそこでようやく多くの情報が得ることができました。その中で大津波の情報です。夜になっていたので中継は暗い映像ばかり。しかし出てくる中継先はどれも慣れ親しんだ地名が…。

初年度の活動は

　私は第10グループとして4月末から5月の連休にかけて参加しました。初日は唐桑半島へ向かう手前にある第二高松園に参加者が集合。そこで熊谷施設長から地震発生後からの施設の状況や津波の被害について説明され、実際に陸前高田市内や気仙沼市内を案内いただきました。私は個人的に3日前に現地付近入りしていましたが1か月半が過ぎてはいてもとても言葉にできるような状況ではありませんでした。

　私たちのグループは宮城県内陸部にある都民の障害者支援施設はんとく苑を拠点に二手に分かれて活動しました。ひとつは本吉地区にあるグループホーム及び近隣施設への支援、ひとつは気仙沼市内で障害者雇用をすすめている企業への支援です。私はその企業への支援に携わりましたが雇用されている当事者との直接的な関わりはあまりありませんでした。しかし、彼らを受け入れている企業とその従業員の方たちには知的障害者の雇用を守るという私たちの思いは伝わったかと思っています。初めて会う他の施設のスタッフとの一週間近くの生活。復興支援という大切な目的があるなか、それとは別に日々の障害者支援という私たちの仕事に対する思いや考えなどについてじっくり語り合える場ともなりました。そこで一緒に活動した方たちと今でもつながっていられるのはとてもありがたいことです。

2年目以降は…

　翌年からは復興支援にあたっている合同対策本部が気仙沼市内にアパートの一室を借り上げ、そこを拠点として地域生活支援センターとグループホームへの支援に移行しました。私も1週間単位での活動に参加。年末、年度末

といった参加者が集まりにくい時期に参加したため単独での活動となりました。

　私が参加したころは地域生活支援センターでの活動も落ち着きグループホームへの支援が中心でした。そのなかでも学校が冬休みや春休みの期間でしたので主に小中学生を日中預かる支援をしました。グループホームに隣接した場所にプレハブの建物があり、その中で利用されている子どもたち5〜6人と一緒に過ごします。私ひとりでの対応のため、利用された子どもたちひとりひとりに合わせた十分な支援ができなかったのは申し訳なかったです。他にグループホーム利用者の通院、買い物支援、食事づくりにも関わりました。グループホームを利用されている方たち、日中利用されている子どもたち、スタッフの方たちにはいきなり現れたボランティアの私を温かく受け入れていただきとても感謝しています。

最後に

　私は復興支援の活動で関わった気仙沼市から北へ峠をふたつ越えた、岩手県の沿岸部で中学高校を過ごしました。気仙沼も含めて親の仕事の関係で過ごした縁ある地域です。親しく付き合いが続いている友人とその家族は大丈夫でしたが、かつて家族や友人と過ごした街並みが跡形もなく、また卒業アルバムに一緒に写っている何人かは犠牲になりました。何かをしなければとの衝動に駆られ今回の一連の活動に参加しました。

　ボランティアでの支援に一

定のめどが立ち、その後学習会を企画するなどの活動に関わらせていただきましたが、5年が経っても街の復興は未だ途上。しかし、気仙沼での障害者支援の立ち直りと新たな活動の動きがあらわれ、また陸前高田でも同級生が運営している障害者就労継続支援B型の施設がしっかり活動されている姿もみられました。

　今後、他の地域でも東京でも起こりうる災害。繰り返される災害のためにも今回の活動をまとめ、支援の態勢をとれるようにしていかなければならないでしょう。そのためにも気仙沼での支援の縁は忘れてはいけない。関わりを続けることが大切だと思います。

第2の故郷で出会い、働き、暮らしを通して大切にしてきた「感謝と笑顔」の力

掛川 恵二（かけがわけいじ）

社会福祉法人正夢の会 弥生福祉作業所

　気仙沼と出会って3年目の春、市内の田中前のアパートで暮らし本吉町の特定非営利法人泉里会にて出向職員として1年間働かせていただきました。第2の故郷に出会い、働き、暮らしを通して大切にしてきた「感謝と笑顔」の力。この1年間を出向前、出向中、出向後のエピソードとしてまとめ感謝の気持ちを伝えたいと思います。

出向前の先輩の言葉

　1人の職員を出向するにあたり東社協の役員の皆様はじめ加盟施設のご尽力のもと計画が動きはじめました。私が勤める法人内でも理事長はじめ各施設長、現場で働くスタッフたちの理解と協力をいただくことができ、本格的に出向先の特定非営利法人泉里会の故森谷理事長はじめ当時サービス管理責任者の菅原さん、支援センターの青野さんとの協議が進みました。送り出す側の東京の皆様、受け入れて下さる気仙沼の皆様にちゃんとしたご挨拶もできないままに平成25年3月を迎え、支援センターさんのご協力で気仙沼市の田中前にあるアパートに引っ越しし暮らしはじめました。

　出発する前日、恩師の先輩が「いつもの掛川らしくやってこい。絶対間違ってないから」と送り出してくれました。あれこれ考えていた私の背中を力強く押してくれ迷いが晴れてしっかりと前を向いて夜の東北道を走り気仙沼を

めざしたのがつい昨日のように思い出します。

出向先の「めぐみ」での出会い

　初日は泉里会の本部で辞令交付があり、新しいスタッフと出会うことになりました。1年間楽しいこと、辛いこと、言い争いなど本当にいろいろなことがありましたが、障害者福祉を真正面から取組んで駆け抜けた仲間となりました。

　1年間の短い出向期間ではありましたが、「福祉の魅力」を少しでも共有できればと思い、お昼休みの空いた時間を見つけてスタッフの皆さんと学びの時間を始めました。私のにわかな知識と拙い話にも真剣に向き合い、ともに学ぶ時間を過ごしてくれました。そして日ごとに成長をしていく新任スタッフの3人の姿がとても眩しく毎日一緒に働ける喜びを感じていました。

　夏前には新しくケアホームと児童デイが本吉地区の貴重な福祉資源として開所し、新規の利用者さんや地域の関係機関、行政関係などたくさんの方々に出会う機会をいただきました。利用者さんの支援を通じて急速に関係が深まっていくにつれて、期間限定で数か月後には東京に戻るという自分の置か

れている立場に心苦しさを感じていた時期もありました。それでもその葛藤と向き合いながら今できることを一生懸命取組むことが自分の役割だと思い、1日1日を大切に過ごしてきました。期間限定という状況の中で急ぎ足に私が突っ走るあまり、やり方が上手くなかったり土地の文化をわからずに取組んでしまったことなどで迷惑をかけてしまうことも多く、そんな時にはたくさんの方に何度も支えていただきました。

　夏のキャンプ、秋の外出、冬のクリスマス会などイベントを一緒に楽しみ、あっという間に1年は過ぎて行きました。感謝の気持ちを伝えたい方が多すぎでここでは書ききれませんが、いただいたこのご恩をいつの日かお返しできる日までこれからもつながりを持ち続けていけることを願っております。

　出向後は防災をテーマにした研修会などに参加し、私の体験話をさせていただく機会が数回ありました。今後もこの体験を私個人の財産にならないよう、支えていただいた皆様と共有していければ幸いです。

第3章 気仙沼へそれぞれの想い

＜出向先「めぐみ」での１年間の活動報告＞

①春
　ケアホームめぐみ舘岡にて新しいスタッフとのチーム作りや支援の研修などを中心に行い、同時にケアホームめぐみ猪鼻の開所前準備を行いました。備品の購入や事務所環境の整備、入居利用者の調整やアセスメントをすすめ、新しい利用者さんの受け入れ時の引っ越しは支援センターの職員さんのお手伝いのおかげもあり無事に開所を迎えることが出来ました。
　４月末にはバスハイクを実施し、新しいスタッフと利用者さんの親睦が深まった楽しい行事となりました。
　５月中旬からは新規事業として放課後等児童デイサービスめぐみキッズの開所に向けて準備を始めました。地域で活躍している他の児童デイサービス事業所で現場研修を行ったり、個別支援計画の作成準備をしたりとケアホームの運営をしながら協力して進め、難民を助ける会様より室内・室外の遊具のご寄付をいただき、新しく事業がはじまる期待と感謝を感じながら開所を迎えることになりました。

②夏
　児童デイは開所当時３名程度の登録数でしたが、他事業所や、支援学校など関係機関の皆様と連携させていただき少しずつ登録者が増え始めていきました。夏休みには大学生のボランティアさんや支援センターの職員さんの協力をいただいて、宿泊キャンプを実施しました。スタッフも子どもたちも大きく成長した２日間となりました。
　ケアホームの利用者さんたちも、夏休みで毎日にぎわっている子どもたちと触れ合う中で楽しい時を過ごしているように感じました。

また、宮城県手をつなぐ育成会様より被災地支援として月に1回程度で他事業所との合同学習会を開催してくださり、継続して学ぶ機会を得ることが出来ました。

③秋
　少しずつ地域の関係機関ともつながりが深くなり、めぐみキッズを地域の資源として活用してくださるようになってきました。新設したケアホーム猪鼻でも児童の短期入所利用が増えはじめ、ホームでの日中一時利用や送迎の支援など柔軟な対応が求められるようになってきました。一方で、運営面では費用や人員体制など課題が山積し事業展開についてアドバイザーとしての立場を踏み越えて意見をしてしまうこともあり反省点となりました。

④冬
　児童デイでは育成会様を通じて専門職派遣として作業療法士の方に月1回来ていただけることになり、個別支援の導入をはじめていきました。障害特性の理解と具体的な支援方法を学び、日々の実践で取組みました。スタッフもその知識と技術をどんどん吸収し、さらなる成長をしていきました。
　冬の道は暗く凍結や積雪もあり、送迎中の事故もあり、スタッフの不安も大きくなりました。大雪の日は利用中止にすることもありましたが、幸い大きな怪我を負うほどの事故はありませんでした。
　1年という期間でこの派遣事業が有意義なものであったのか自問自答する日々ではありましたが、多くの方の支えと応援を頂き3月25日までの任期を終了いたしました。

19 新たなニーズでつながりつづける

山本 あおひ （やまもとあおい）

岩田 雅利 （いわたまさとし）

時間の経過とともに気仙沼の福祉事情も変化し、新しいニーズや支援環境が生まれています。そのような中、私たちは今後の支援のあり方を検討し、支援の形を変えながらつながりつづけています。

平成26年度

3年が経過し気仙沼の福祉事情も、震災前とは異なり、新しいニーズや支援環境が生まれています。昨年まで行ってきたケアホームめぐみや児童デイサービスでの支援活動を終え、新たに洗心会や気仙沼の福祉ネットワークにおける研修の開催等に形を変えて活動を行いました。研修については2つの重点目標を持ち、1点は制度改革に伴った、これから求められる地域づくりや、権利擁護を中心とした内容です。2点目として支援者同士のコミュニケーションを重視した、気仙沼と東京のスタッフがともに学びあう、双方向からの研修としグループワークを取りいれました。

〈研修会〉

第1回	9月19日	平成26年度気仙沼市障害者福祉フォーラム研修 ライフステージに沿った支援	山本あおひ
第2回	1月22日	権利擁護についての学習会	高山直樹

     23日 施設見学
第3回 3月14日 平成26年度地域福祉セミナー
          これからの福祉施策の動向について 又村あおい

 第2回の研修は、知的発達障害部会の利用者研究会が中心となり、高山直樹氏の講義と支援について考えるグループ討議を行いました。気仙沼近隣事業所のスタッフと東京から集まったスタッフで支援についての熱い論議を交わしました。

 また、開催場所に復興支援の中心場所の一つであった「アーバン」を使い、障害者雇用に関わっておられたスタッフに当時の状況についての説明をいただきました。震災後の状況を知らない支援者の参加も多かったため、この震災を風化させてはならないという、当部会の考え方を示す良い機会ともなりました。今後も引き続きこの活動を続け、震災時の障害者や家族の状況及び被災地支援を伝えていかなければならないと感じました。研修終了後には、気仙沼の復興状況を見学し、新しく建設されている事業所、未だに仮住まいの事業所の実態を一部であるが知ることができました。生活全般が復興前の状況に戻るには、これからもまだ長い時間を必要としており、復興の時間の長さや重さを実感しました。また当部会広報委員会が、取材のため参加し、かがやき（知的発達障害部会広報誌）への掲載で部会全体に活動報告を行い

ました。

平成27年度

　平成27年度の主な活動としては、広報委員会とのブックレット編集作業が中心となりました。東日本大震災より5年を迎え、変わり行く現地の状況をふまえて今後の復興支援のあり方や、本委員会の活動方針について、現地とともに模索する1年間でした。気仙沼市内では被災地域のかさ上げや災害公営住宅の建設など、ハード面での整備が着々と進められ、地域福祉においても、新規事業所が少しずつ増え新しいネットワークが作られはじめています。しかし、被災後からいまだに止まらない人口流出による極端な人材不足や、時が経つにつれ深刻になる心の傷など、見通しの立たない課題が山積しています。そのような中で現地の福祉関係者は、これまで訪れたさまざまなボランティアや支援者の縁とその際に得た経験や知識を活かし、新たな地域福祉を創出しようとしており、そこには私たちが学ぶべくことがたくさんある気がしております。

〈研修会〉

　平成27年度については、部会施設へ参加を呼びかける形での研修等の開催はできませんでしたが、障害者権利条約の批准を経て、改正障害者雇用促進法を目前に、各地で障害者虐待報道などが相次いだことを踏まえ、以下のような内容の研修を現地で開催しました。

研修名：東日本大震災復興支援特別委員会　合同研修
テ　ー　マ：障害者の権利擁護・虐待防止について
講　　師：社会福祉法人正夢の会　事業統括　山本あおひ氏
日　　時：平成27年11月27日（金）　14：00〜16：00
場　　所：洗心会グループホーム事務所内　研修室
対象者：洗心会職員及び東社協関連施設職員

平成25年度利用者支援研究会学習会は沖倉智美大正大学教授を招いて気仙沼で行われました。気仙沼での活動に参加したスタッフも多く見受けられました。

平成24年4月23日、2年目以降の支援のあり方について部会役員が気仙沼へ赴き、話し合いを行いました。

平成25年3月16日、気仙沼の支援先のスタッフを招き、絆の会を催しました。

資料編

■被災地派遣活動報告抜粋■ 第1期（H23.3.27～H23.4.12）

ここでは、活動の初期に取組んだことを活動報告の記録により紹介します。

●活動日：平成23年3月27日㈰

1　活動概要

	時間	活動場所・内容
①	8：00	あきる野出発
②	14：00	船形コロニー・打合せ
③	18：00	つどいの家コペル・打合せ

2　状況及び活動内容報告

(1)　物的

・ガソリン入手しにくい。

3　今後考えられる支援等

(1)　物的支援

・気仙沼方面の調査

・三陸海岸の調査

(2)　人的支援

・気仙沼方面の調査

・三陸海岸の調査

4　その他

・明日は、「難民を助ける会」、宮城県所管課、宮城県警を訪問予定。

●活動日：平成23年3月28日㊊
1　活動概要

	時間	活動場所・内容
①		宮城県警・緊急車両についての確認
②		難民を助ける会・状況聞込み
③		宮城県障害所管課・状況聞込み及び報告
④		厚生労働省現地対策本部、宮城県社協へ挨拶
⑤	15：30	派遣№01が集いの家に到着・打合せ
⑥		若林区の荒浜地区を派遣№01と視察
⑦	19：00	派遣№01とともに船形コロニーに到着

2　状況及び活動内容報告
(1)　物的状況
・難民を助ける会で、支援物品を調達及び配達している。津波による被害が大きい地域は、必要物品リストをまだ作成できない。
(2)　人的状況
・通所施設の場合、活動中だったため避難できた利用者が多いが、家族や家に被害がある方が多い。
・県所管課では、まだ支援ニーズの把握に至っていない。

3　今後考えられる支援等
(1)　物的支援
・通所施設で施設ごと津波の被害にあっている場合、事務用品等一式が必要。
(2)　人的支援
・仮設のGHや通所施設が必要。
・支援範囲を気仙沼市、南三陸町、本吉町に決定。当該地域の施設のリストアップ、マップ化を行う。

●活動日：平成23年3月29日㈫

1　活動概要

時間	活動場所・内容
	気仙沼市、本吉町の状況を電話及び訪問で確認 訪問先：①（社福）洗心会　夢の森 　　　　②（社福）洗心会　第二高松園 　　　　③（NPO）地域生活活動支援センターあさひ 　　　　④（NPO）ケアホームのぞみ 　　　　⑤社会福祉協議会　松峰園　＊電話連絡のみ 　　　　⑥（社福）若生園

2　状況及び活動内容報告

(1)　物的

・上記③及び④へ、東京から持参した物資を届ける。

・コロニーからの物資を⑥へ届ける。

・物資はすでにスーパーなどで購入可能。ガソリンも昨日は市内で満タンまで給油できた。しかし、買いに行くための車両そのものが津波で流されてしまっている。

(2)　人的

・当該地域で最も大きな法人である「社会福祉法人　洗心会」が、状況把握している。津波で流された通所施設、GHなどの利用者を他施設で受け入れている。常務理事馬場氏をキーパーソンとして、情報収集及び活動計画策定を行う。

・小規模作業所はないと思われるとのこと。詳細は不明。

・当該地域の社協はあまり活発ではない。

3　今後考えられる支援等

(1)　物的支援

・米などの主食は足りている。おかずになるものや生鮮食品が必要と思われる。

(2) 人的支援
・ボランティアを受入れる風土のない地域性のため、入れる場合は配慮事項や心構えについてレクチャー及びコーディネートが必要と思われる。
・洗心会の施設を中心に２グループ３名体制で毎日人的支援を入れる。男女比率の検討必要。
・第二高松園では、手洗いで洗濯しているため時間及び手間がかかっている。人的支援で利用者をドライブなどに連れて行ってもらい、その間に済ませられればとのこと。また、ひきこもっている利用者を戻せる専門的支援や、運動不足のためレクなどの支援を行ってほしいとのこと。

●活動日：平成23年3月30日(水)
1　活動概要

	時間	活動場所・内容
①		船形コロニーより撤収
②		松峰園訪問・状況確認
③		夢の森訪問
④		ケアホームのぞみ訪問・物資届ける
⑤		あすなろ訪問
⑥		拠点をはんとく苑作業棟２階に移す

2　状況及び活動内容報告
(1) 物的状況
・各施設の状況を確認
(2) 人的状況
・各施設の状況を確認
3　今後考えられる支援等
(1) 物的支援
・緊急的な物資については足りている様子。

(2) 人的支援

・状況把握をすすめる必要がある。

●活動日：平成23年3月31日㈭
1　活動概要

	時間	活動場所・内容
①		キングスガーデン宮城（特養）・訪問
②		夢の森・訪問
③		第二高松園・訪問
④	22：00	終了

2　状況及び活動内容報告

(1) 物的状況

・各施設の状況や今後の支援について確認

(2) 人的状況

・各施設の状況や今後の支援について確認

3　今後考えられる支援等

(1) 物的支援

・通所にあたって現在各自の弁当だが、昼食を用意したい。調理器具がないのですぐに食べられるものが必要。（キングスガーデン）

・支援物資は夢の森で管理し、必要としている施設が取りにくるようにする。（洗心会）

(2) 人的支援

・第二高松園の支援度が高いため、こちらを活動の中心とする。高松園からニーズがある場合は、高松園施設長より第二高松園施設長へ連絡し、調整する。

・派遣スタッフが支援に入る際には、受入施設の職員の指示、監督のもとで行う。

●活動日：平成23年4月1日㈮

1 活動概要

	時間	活動場所・内容
①	9：45～17：00	第2高松園・入浴の為の湯沸かし、食事介助、入浴介助
②	9：00～17：00	はんとく苑でのお約束・派遣中のマニュアル作成支援物資配布リスト等 はんとく苑作業棟トイレ掃除・支援物資の整理
③	18：00～	2陣との引き継ぎ
④	19：00	入浴・食事
⑤	21：00	柴田さん含め打ち合わせ

2 状況及び活動内容報告

(1) 物的

第2高松園へビニール袋（45L）を15袋渡す。

→水道機能が回復せず、今は水を給水地からトラックで運搬しており、その水を保管するのに大きいビニール袋を使用している。

＜第2高松園のライフライン状況に関して＞水・電気はきていない。

電気は自家発電機にて使用可。水はまだ回復せず。

給水地点から第2高松園のトラックで運んでいる。

(2) 人的

男性派遣職員4名は第2高松園にて、実質的な支援を行う。

湯沸し：入浴用のお湯を沸かすため、薪割、火熾し、湯の運搬を行う。中庭にて薪を割り、2つの大鍋に入った水を薪で火を熾し、湯を沸かした。薪がなくなった後は、裏山から薪を運んだ。

入浴介助：利用者5名の方を高松園職員3名、派遣職員2名で入浴介助を行う。浴槽を溜める程、お湯は沸かせないので、大きなタライを浴槽代わりにして入浴してもらっている。（利用者の腰程度の深さ）。介助としては、全介助3名、一部介助2名。（着脱・

洗体・洗髪等）。
　食事介助：一部介助（食器から口に運ぶ所の補助）、服薬等を行う。また、係長の方より新しい補助具（食事用スプーン）の使用の仕方のアドバイスが欲しいと言われ、実際に補助具を利用しての食事介助を行う。また、派遣職員にSTがいたので、その視点からの質問もされた。介護技術のあるベテラン職員からの支援技術の助言も欲しいとの事だった。

女性職員1名ははんとく苑に残り、「はんとく苑でのお約束（生活ルール）」「支援連　絡事項（第2高松園の状況）」作成・3月29日からの支援物資配布リスト作成

3　今後考えられる支援等

(1)　物的支援

弱酸性シャンプー・リンス・ボディシャンプーの製品が欲しいとの要望があった。
（シャンプー・リンスは物資で届いているが、米国製で皮膚への負担が大きそうで使用できていない。）

(2)　人的支援

　支援マニュアル作成：高松園職員から毎回利用者に関する情報を引き継ぎしてもらうのは、時間的にも精神的にも高松園職員の負担になるため、支援に入る度に利用者情報を派遣職員が整理し、文面化し共有していくことが必要。その情報は支援最終日に処分を行う。

　支援に関して：訓練的支援は行わず、高松園の職員の支援方法に合わす。

4　翌日の予定

　朝、物資の整理後、1台は第2派遣グループを第2高松園へ連れて行き、挨拶・引き継ぎを行い、第2派遣グループはそのまま支援に入る。一方、2台は物資をケアホームめぐみ・地域活動センターあさひ・キングスタウンへ届け、第2高松園へ合流。第1派遣グループはあすなろホームに物資を届け、東京へ帰京。22時半終了

● 活動日：平成23年4月2日㈯
1　活動概要

	時間	活動場所・内容
①	10：00～10：30	歯磨き支援
②	10：00～12：30	薪割
③	11：30～12：30	配膳・食事介助（昼食）
④	13：30～17：30	薪割
⑤	15：00～15：30	浴室掃除
⑥	16：30～17：30	配膳・食事介助（夕食）

※薪を割りお湯を沸かした。午前に沸かした湯は朝食後の歯磨きに使用した。
※昼夕食の配膳・食事介助は、
・刻み皿をハサミで刻む
・分かる皿を配膳する
・食事介助

　当スタッフが昼食介助を担当した利用者1名が、食後に洗面所前の廊下で、コップの水を故意に床に溢されていた。（推測ではあるが）その原因としては、面識の無い当スタッフに、介助されたことによる不安感・ストレスが考えられる。直接的支援を5泊6日という極めて短い期間で行うことの難しさを感じた。

●活動日：平成23年4月4日㈪

1　活動概要

	時間	活動場所・内容
①	10：00～11：30	掃除（食堂）
②	11：30～12：30	配膳及び食事介助（昼食）
③	14：00～15：30	入浴介助
④	15：00～15：30	搬入作業、ゴミだし作業
⑤	16：30～17：00	配膳及び食事介助（夕食）

2　状況及び活動内容報告

※先方スタッフが利用者さんをドライブへ連れ出している間に、食堂の掃除をして欲しいと依頼していただき、当5名と先方2名で行う。

※昼食時は見守りが主となるが、1名に対して全介助、2名に対して若干の介助、1名に対して声掛けによる促しを行う。メニューは、カレーライス、オレンジ、牛乳

※入浴介助を行うように依頼される。浴室に先方スタッフ2名が入り、当スタッフ1名と先方スタッフ1名が脱衣とタオル拭きを行う。着衣も、当スタッフ1名と先方スタッフ1名が行う。

　　当スタッフでは3名が脱衣・タオル拭き・着衣を各々、必要に応じて交代しながら行う。先方スタッフからは、入浴2名、脱衣1名、着衣1名。

　　当スタッフの他2名も入浴および着脱衣介助の予定だったが、急遽、預かり荷物を倉庫に搬入する作業を依頼され行う。

※夕食時は昼同様に行うが、本日は次陣の到着日であったため、途中で切り上げる。メニューは、カップ麺・おにぎり・苺・キウイ

3　今後考えられる支援等

(1)　物的支援

　　継続的な、第二高松園が欲している物資の配給。

(2)　人的支援

日々の利用者支援で、高松園サイドのニーズに特化した内容。ルーティンな支援の他、余暇活動等の支援。

4　その他
※先方スタッフと共同作業をしたことも加わり、会話が増える。先方スタッフからも話しかけてくる。利用者さんが我々に馴染んできたこともありスタッフもかたさがとれた感。利用者さんが元気になることがスタッフを元気付ける力になるものと感じた。
※下水が復旧した模様で、きょうから大便が流せるようになる。このこともスタッフを元気づけた感
※きょうの作業内容は、先方のスタッフサイドで決めた模様。人数的には支援側の人手は余る感じではあるが、共同で作業する形を先方が用意したことは意義深いといえる。
※16時頃、柴田さんが第二高松園に来園。園長と話し合いを持つ。
※20時頃に次陣4名が到着。柴田さんを交え、この間の状況を報告。

● 活動日：平成23年4月6日㈬
1　活動概要

	時間	活動場所・内容	
		男性	女性
①	9：30～11：30	入浴介助（着脱中心）食堂にて利用者対応	洗濯物干し（3日分）施設内掃除
②	11：30～12：30	昼食介助	昼食介助
③	13：30～16：00	食堂見守り 洗濯畳み	ドライブ
④	16：00～16：30	トイレ介助	利用者対応

2　状況及び活動内容報告
(1) 物的状況

被災されているスタッフに非常食・カップ麺を提供。
＜第二高松園のライフライン＞
電気：大型の発電機を使用し施設内に電気を供給。ただし電力が限られているため入浴中ボイラーを回している時に洗濯機は使えないなどの制限あり
※早ければ、本日明日には復旧の見通しとの事。
水道：発電機にて電力がある程度供給されているためポンプは作動している。
ガス：プロパンを持ってきて使用している
＜物資＞
物資はかなり多くある状況
スーパーやホームセンターも１８：００までであるが開店している状況でほとんどの物が手に入る。ガソリンも満タンに入れられる
(2) 人的状況
掃除：スタッフがほうきをかけ利用者がモップをかけるなど一緒に掃除。
散歩：施設内を一緒に散歩
ドライブ：２台でドライブ。（スタッフ６人利用者１２人）車で公園に行き散歩＋早めのおやつ。
入浴介助：着脱を中心に入る。１３名の男性利用者の対応。着脱の他爪切り介助。今日はいられた利用者は３週間ぶりで大変喜んでいた。
おやつ：介助・見守りが必要な利用者
トイレ介助：（男性）トイレ誘導の他、おむつをしている利用者のパット交換（夜仕様に交換）
3　今後考えられる支援等
(1)　物的支援
角ハンガー〜普段は乾燥機使用しているが、乾燥機が使えない状況や洗濯物がたまっている状況から角ハンガーが必要
事務局用に購入していた角ハンガー（各班持ってきていたため４本あったも

ののうち）2本を4／7に持っていく。
　発砲容器～小どんぶり、カレー用の使い捨て容器（発砲容器）が必要。
※今確認できる「高松園」として必要な物品は以上、比較的物はある様子であることもあり、「花」などの心に作用があるようなものの必要性も感じる。
　スタッフ会話から
※物資はたくさんあるものとないものがあり状況が刻々と変わっている
(2) 人的支援
　高松園自体は電気が復旧すると正常の生活に戻ることができるとの事で、スタッフ体制も大きな欠員はない様なので比較的余裕はある様子。高松園以外のニーズの掘り起こしも必要とも考えられる。

●活動日：平成23年4月7日㈭
1　活動概要

	時間	活動場所・内容
①	9：30～12：15	GH片づけ
②	12：15～13：00	昼食・休憩
③	13：00～16：00	GH片づけ・おやつ
④	16：00～	依頼物品買い出し

2　状況及び活動内容報告
＜ライフライン＞
電気；第二高松園　　昨夕に電気が復旧。
　GH片づけ時には、電気が復旧したとの情報をもらい、行くが現地確認すると、電気は復旧していない。片づけ中に、東北電力の方が来て、電気復旧完了（現地確認してからではないと復旧しないため）

3　今後考えられる支援等
　第二高松園は、スタッフは全員通常業務に移りつつある。（泊りの職員のみ増員体制は継続している。）法人全体として、震災に伴う、長期欠席者は

資料編

いないとの事。

　第二高松園は人的には通常通りの様子、GHはスタッフが３人体制で、各施設に利用者が点在し間借り状態の為に、休み無しで稼働の状態。

●活動日：平成23年４月８日㈮
1　活動概要

	時間	活動場所・内容
①	８：００	８時第二高松園到着 ９時まで車で待機
②	９：３０～１２：３０	地域住民（第二高松園近く）自宅の瓦礫撤去
③	１２：３０～１３：３０	昼食・休憩
④	１３：３０～１６：３０	地域住民（第二高松園近く）自宅の瓦礫撤去

2　状況及び活動内容報告

＜第二高松園の状況＞

　昨日の地震により、電気、水道が止まっている状況。地震によりガラスが二枚割れている。昼食も非常食（カップ麺）であった。

3　今後考えられる支援等

　瓦礫撤去が必要な家はまだまだたくさんある…

　ライフラインの状況により、水汲みや薪割、お湯焚きなど第二高松園への支援の必要も出てくる可能性あり。

＜昼食について＞

　再度地震が起こり、ライフラインも止まった状況で第二高松園の利用者・スタッフも非常食を食べている状況を考えると、大勢が第二高松園で昼食を頂くのは控えた方が良いという判断で施設長に相談。少なくとも第二高松園への支援に入っていない時（本日のように地域への支援の時など）は自分たちで準備させていただくこととする。とりあえず明日は10人分すべて自分たちで準備することとする。（カップ麺・水・コンロを持参する）

●活動日：平成23年4月10日㈰

1　活動概要

	時間	活動場所・内容	
①	終日	瓦礫撤去 (男性2名、女性1名)	女性棟居室のレイアウト変更 (女性3名)

2　状況及び活動内容報告

(1) 物的
・女性用下着（武蔵野支援物資よりピックアップするが、十分な数は用意できず）

(2) 人的
・唐桑地区の地域住民宅の瓦礫撤去作業を行う。被災家屋内より搬出された大型家電、家具及び津波にて流入した瓦礫の撤去。熊谷施設長の要請で、第二高松園の軽トラックを使用しての作業となる。
・昨日、グルーホームより緊急利用をしていた方々が、ホームに戻られた。受け入れるために居室の変更を大きく行っていた様子。月曜日から通常業務に戻すに当たり、帰宅利用者（8名）が戻って来る際の受け入れ体制を整える。居室の掃除、畳にオゾン処理を行い、タンスやベッドの移動を行う。
・食事中、ゆっくり食べるため他のテーブルよりも早く食べ始める方に付いて、食事介助を3名行う。
・居室が整ったのちに、おむつ等の備蓄置場になっていた部屋の荷物を倉庫等に整理する作業を行う。（おむつが足りないと言っていたが、第二高松園の利用者さんが、履くタイプを利用する方は少数であるが、大量に届いているとの事。今後から高松園と連携をとり、共有していこうかと雑談に出ていた）

3　今後考えられる支援等

(1) 物的支援
・昨日の報告にもあるが、第二高松園では、動物性蛋白質の食材（肉、魚）

が調達できておらず、カレーとシチューの連続で利用者の食欲も進んでいない状況。具体的な体重減少の声も聞かれており、支援の必要性を感じる。（本日の昼食も、シチューであったが鶏肉が調達できずに、ホワイトシチューの上に、缶詰の大和煮が乗っていた）缶詰などではなく、主菜になりうるものとして提供できると、メンタルケアにもつながると感じました。この件については、３グループとの引き継ぎを行い、５グループで対応できないか、動いている最中です。

(2) 人的支援
・今後、大きく３つに分けられると感じる。

1. 地域の瓦礫撤去…本日は、第二高松園の軽トラ（マニュアル車の為、今後運転できる人材が必要）を使用して作業した。その際に、今までの第二高松園の地域とのつながりを強く感じた。今後も、第二高松園の看板を背負っている責任を持ちながら、この作業を行うことで、地域とのつながりを強めることになると感じた。施設長より「地域とのつながりが大事である」との言葉もあった。今月末位から、自衛隊による瓦礫撤去が始まる。それまでに自宅前の瓦礫を公道沿いに移動する必要がある。今後撤去作業の必要性が強まることと思う。

2. 施設内支援…今までの３つのグループの方たちが、継続的に支援が入り続けてきた努力がつながった結果、現地職員の中から、こちらへの要望・希望が出てきた。施設長の口からも「こらからは『心のケア』が必要」という言葉があった。職員からも「音楽やお菓子作りなどを行ってくれると、職員の心も休まる・ほっとする」という言葉があった。今後、支援に活動にアイディアを持ち込む必要があるのではないかと感じる。準備等はこちらで極力行えるようにし、職員さんにもほっとしてもらう環境を提供できればと思う。同時に、毎日の直接支援にも１～２名コンスタントに入り、信頼関係を気づいていくことで、こちらをうまく利用していただければとも思う。

3. 地域生活支援センターとの連携…月曜日に市内の会議があり、理事長

が参加。火曜日に法人内会議が行われ、理事長の確認があったのち、地域生活支援センターとの調整がはじまる。現在在宅で生活している方への支援が、車もないことから滞っている。

●活動日：平成23年4月11日(月)

1　活動概要

	時間	活動場所・内容	
①	9:30～12:30	ゆめの森物資搬入男女1名ずつ	入浴支援・見守り支援 男性1名・女性3名
②	13:30～16:30	入浴支援・洗濯物たたみ・おむつ等の物資の整理	
③	20:00～21:00	柴田さんが来て、現状報告・情報の共有	
④	夜間	明日の準備の為、簡単な楽器作成	

2　状況及び活動内容報告

(1)　物的

≪第二高松園≫

・乾電池（武蔵野物資より。何本も懐中電灯に『電池切れ』と書かれていたものを昨日見たので）・スポーツブラジャー／LLゴムズボン／L、LLの肌着・だるまストーブ

≪ゆめの森≫（武蔵野の車にて運んできたもの）・紙おむつ：6箱＋ばらのおむつ・パット30衣・下着：1箱＋下着：1箱・事務用品：1箱・ウエットティッシュ：3箱生理用品：2箱・おしりふき：3箱・コットンシート：2箱男性用尿パット：1箱共用尿パット：1箱・トイレットペーパー：1箱ティッシュ：バラ4・タオル：1箱・お菓子：7箱＋袋2つ水：9箱

(2)　人的

・ゆめの森にて、東京より運んできた物資を搬入。その際、常務とゆめの森施設長にご挨拶。

・第二高松園にて、午前中入浴支援を行う。男女ともに、着脱・ドライヤー

かけ。水分補給時の見守り。
・昼食時の見守り、刻みの方の介助を少し。
・午後は、1名入浴支援（本日戻ってきた女性利用者さん1名）
　　5名で洗濯物たたみをお願いされた。他に昨日おむつ等の物資の移動を行っていたため、倉庫の整理を申し出て行わせていただく。
・女性1名：食堂にて、トイレ介助・血行の悪い方への手のマッサージ等を行った。

3　今後考えられる支援等

(1)　物的支援
・食材については、明日からのグループが持ってこられるように努力している旨は伝えた。
・支援物資に関しては、具体的なニーズはえられていません。夢の森がベースとなり、分配のコーディネートをしています。

(2)　人的支援

　支援状況は日々変化しており、昨日の報告にある3つの柱が少々変化しています。まず、第二高松園の直接支援は、ほぼ完了してもよいと思われます。本日より通常に戻り、自宅にいた利用者さんも7名もどり、職員体制も先週より厚くなっています。次に、地域に出て高松園のスタッフの代わりに瓦礫撤去等の作業にも意義があると書きましたが、別団体の行動力が地域に浸透してきており、私たちがこの責務を行うことの必要性が生まれにくい状況にもなっていくと思われます。そして、在宅支援等について、ここにはまだ手の付けられていない部分が多いので一番の課題として残ります。あす、洗心会の経営者会議が持たれるとのことです。問題となるのは、宿泊拠点が遠いということです。ベースを気仙沼市内に持てないかどうか検討する必要があります。また、コーディネート専門のスタッフを常駐させていただき、地域のキーマンになる方とネットワークをひろげていき、在宅支援や送迎支援を担っていく等、機動力が求められるとも考えられます。現状の第二高松園を中心とした支援では電話連絡が難しいため、臨機応変な要望に応える可能性

が低くなります。現地派遣部隊に充実した復興支援を行っていただくためにも、方向性の転換期に来ていると思います。ただ、現時点では見通しがつきにくく、6名体制でつづけるのか、検討が必要と思われます。

●活動日：平成23年4月12日(火)
1 活動概要

	時間	活動場所・内容	
		第二高松園	ゆめの森
①	9：30～12：30	女性3名、男性1名入浴介助、昼食見守り	男性1名、女性1名洗心会法人会議
②	13：15～15：20	第二高松園 まんまるホットケーキと歌の余暇活動	
③	15：20～17：40	熊谷施設長より、まとめと被災地めぐり	

2 状況及び活動内容報告
(1) 物的
- 冷凍食品（5グループ持参）
- 手作り楽器（ペットボトルにビーズを入れて装飾したもの・折り紙のまりに鈴を入れたもの・カスタネット・プラスチック鈴）

(2) 人的
- ゆめの森にて洗心会法人会議の後、顔合わせを熊谷施設長にセッティングしていただく。今後についての話を行わせていただく。
- 第二高松園にて、午前中は男女ともに入浴支援。着脱衣中心。
  午後は「まんまるホットケーキづくり」と題して、余暇活動を行った。職員の方から3台の電気たこ焼き器をお借りした。職員の方が、利用者さんに安全なように会場をセッティングしていただく。半円になった中心で、ケーキをこちらのスタッフが焼く。その間に、スタッフ2～3名で簡単な体操・「幸せなら手を繋ごう」「さんぽ（となりのトトロ）」を何度か繰り返して行う。焼きあがったケーキをピラミットの様に積み上げて、みなさ

んに見ていただく。その後、小皿に取り分けて、チョコシロップとメイプル風シロップの2種類をかけて提供。おやつの時間として、栄養士より紅茶も提供していただく。

⇒やってみての感想

◎利用者さんも思ったよりも笑顔になってくれていた。職員さんもそれを見て、顔がほころんでいた。

◎利用者さんや職員の笑顔が見られて、やってよかったと思いました。

◎食べ終わって、利用者さんが「おいしかった」と言ってくれて、お互い楽しくできてよかった。

◎完璧なケーキができなかったことで、親近感を持っていただけたかもしれない。楽しく過ごしていただい良かった。完璧を目指さなくても良いと感じた。「とても久しぶり」だと職員さんから言われた。最終日でよかったと思います。みなさんの笑顔を見ることができて帰ることができたことが良かった。

・第二高松園への継続的な直接支援は今回で終了。

(3) その他

・5グループの引き継ぎを兼ねて、陸前高田と唐桑半島をめぐり、支援に入る前の心構えの共有を行った。

3 今後考えられる支援等

(1) 物的支援

・クリアボックス（W30、D50、H30）蓋がバックルで閉まるタイプ。をたくさん欲しいとのこと。（明日以降、掛川リーダーが先方と詳細を調整できるように引き継いだ）

・今後の活動により具体的な内容があがってくると思われる。

(2) 人的支援

・今後複数の施設に心がほっとするプログラムを提供する予定なので、普段施設で取り組んでいる余暇活動が応用してプログラムできる人材が必要。

・15日に現地入りする高瀬さんに東京チームの支援のコーディネートの基

盤つくりをお願いしたい。
その他、他法人の被災施設、小規模施設等の状況により臨機応変な対応が求められる。洗心会の施設に限らず、明日、支援センター、青野施設長が5グループを案内してくださる予定。主に、東京チームの支援活動のコーディネート。熊谷施設長、夢の森施設長に助言を頂きながら、徐々に東京チームが独自の動きができる様にしていく。→現地支援のコーディネート機能の土台作りと情報収取……洗心会以外の施設にもニーズはある。拠点を夢の森に移せることで、はんとく苑からの移動時間が40分ほど短縮される。活動開始時間を9：00からとする。だが、夢の森での利用者直接支援は必要ないため、ニーズの収取と支援スケジュールをコーディネートする拠点と考えた方が良い。当初は、施設長さんたちに協力をもらいながら土台を作ることが望ましいが、最終的には高瀬さん滞在中に原型を作ることが必要であろう。掛川さんには明日訪問する施設の連絡先と担当者の情報を取っていただき、リストアップして高瀬さんに引き継いでもらえるとよい。余暇支援も重要なニーズと思われる。東京チームで準備、企画し、希望のある施設と直接調整して実施していきたい

執筆協力者

(50音順)

青野繁清	一般社団法人ほまれの会
石田尚弘	
石原誠太郎	社会福祉法人武蔵野武蔵野福祉作業所
岩田雅利	社会福祉法人正夢の会コラボいなぎ　いなぎワークセンター
大浦孝啓	社会福祉法人正夢の会中野区鷺宮すこやか障害者相談支援事業所
大竹真澄	社会福祉法人けやきの杜
掛川恵二	社会福祉法人正夢の会弥生福祉作業所
木村美菜	社会福祉法人恩賜財団東京都同胞援護会さやま園
熊谷勝市	医療法人くさの実会
熊谷眞佐亀	社会福祉法人洗心会理事
坂本光敏	社会福祉法人原町成年寮葛飾通勤寮
柴田洋弥	特定非営利活動法人東京都発達障害支援協会
菅原満子	一般社団法人ほまれの会
鈴木信彰	社会福祉法人愛隣会目黒恵風寮
高瀬祐二	社会福祉法人滝乃川学園
高野宣弘	社会福祉法人正夢の会
谷村明信	株式会社アーバン
月岡亮	社会福祉法人つるかわ学園
中尾美佐子	社会福祉法人正夢の会パサージュいなぎ
西脇正彦	
根本昌彦	社会福祉法人フロンティアいけぶくろ茜の里
野田恵子	社会福祉法人同愛会大泉福祉作業所
本多公恵	社会福祉法人滝乃川学園地域支援部
三島照義	社会福祉法人槃特会はんとく苑
森谷和徳	社会福祉法人武蔵野ワークステージりぷる
山下望	社会福祉法人青梅学園
山本あおひ	社会福祉法人正夢の会
渡辺和生	社会福祉法人みずき会八王子平和の家

表紙絵・挿絵協力

気仙沼市　障害者就業・生活支援センターかなえ利用者　佐藤　雄
気仙沼市　障害者就業・生活支援センターかなえ利用者　斉藤啓太

編集後記

　平成27年4月、私は東日本大震災復興支援特別委員会の委員長を務めさせていただくことになりました。委員長になって、まず考えたことは今後の委員会のあり方でした。私自身は平成23年9月から被災地支援に赴きました。活動を通じて、時がたつにつれ急性期から復興期にうつり、刻々と被災地のニーズが変化していくのを感じてきました。

　震災から3年が経過し、これからの被災地に『東京都社会福祉協議会の復興委員会としてできること』とは何か悩んでいるとき、ちょうどこの記録集の話をいただきました。正直、とても大変な作業になるであろうことは想像できました。しかし、実際に作業がはじまると、編集を通じてこれまでの活動を振り返ることができ、作業の度に万感の想いで携らせていただくことができました。そして、約1年半の歳月をへて、多くの皆様のご尽力があって、この度、ようやく完成するこができました。

　これまで活動に関わった方々、その活動を支えた部会加盟施設のすべての方々に、この記録集が、改めてこれまでを振り返るきっかけとなり、今後も忘れることのない絆の糧としていただけたら幸いです。

　デリケートなことも含む作業でしたし、少しでも多くの想いを紡いだ一冊にしたいという気持ちで作業させていただきました。予定よりも大幅に時間を要してしまい、発行をお待ちいただいた方々にはお詫び申し上げます。

　最後に、この場をお借りして、原稿を寄稿いただいた方々をはじめ、部会関係者の皆様、広報委員会の皆様には心から感謝申し上げます。ありがとうございました。

東日本大震災復興支援特別委員会
委員長　岩田雅利

＊＊＊BOOK GUIDE＊＊＊

東日本大震災　高齢者、障害者、子どもを支えた人たち

東日本大震災で被災地の福祉関係者は高齢者や障害者、子どもたちをどのように支えたのか。本書では、宮城県と福島県の福祉事業所へヒアリングを行い、要援護者支援の現状を伝えています。

（内容）
1 東松島市地域包括支援センター／2 大熊町民生児童委員協議会／3 JDF被災地障がい者支援センターふくしま／4 社会福祉法人石巻祥心会／5 相馬市立相馬愛育園／6 福島県保育協議会／7 宮城県社会福祉協議会地域福祉部・福島県社会福祉協議会地域福祉課／8 東社協保育士会／9 特定非営利活動法人 Jin

平成24年3月28日発行　A5判/79頁　762円（＋税・送料別）

続・東日本大震災　高齢者、障害者、子どもを支えた人たち

「東日本大震災 高齢者、障害者、子どもを支えた人たち」の続編です。本会の災害時要援護者支援センター構想の実現も見据えて、本書では、前編に引き続き岩手県、宮城県、福島県の福祉事業所へヒアリングを行い、要援護者支援の現状を伝えています。

（内容）
1 とおの松寿会／2 岩手県社会福祉協議会／3 特別養護老人ホーム春圃園／4 高齢者福祉施設宮城野の里／5 宮城県老人福祉施設協議会／6 仙台市社会事業協会／7 デイさぽーと ぴーなっつ／8 JDF被災地障がい者支援センターふくしま／9 特別養護老人ホーム福寿園／10 福島県老人福祉施設協議会会津支部／11 福島県社協児童福祉施設部会／12 専門職6団体による相談支援専門職チーム

平成25年3月28日発行
A5判/107頁　762円
（＋税・送料別）

お問合せ・申込先
東京都社会福祉協議会　図書係
ホームページの「福祉の本コーナー」に
他にも多数、掲載しています。

TEL　03(3268)7185
FAX　03(3268)7433
http://www.tcsw.tvac.or.jp/

災害時要援護者支援活動事例集

福祉避難所や災害時情報支援、相互応援協定などの課題について、幅広く各地の実践を事例集としてまとめました。また、本書の後半では、平成25年台風26号により土石流災害のあった伊豆大島における要援護者支援の状況をお伝えします。
（内容）
1 福島県社協／2 石川県輪島市／3 山形県老人福祉施設協議会／4 大田区うめのき園／5 特定非営利活動法人 Jin／6 大島老人ホーム／7 大島町地域包括支援センター／8 大島町民生児童委員協議会／9 大島町立元町保育園／10 藤倉学園
平成26年4月発行
A5判／123頁　800円（＋税・送料別）

続・災害時要援護者支援活動事例集

東日本大震災の経験をもとにした実効性のある各地の防災への取組みを紹介するとともに、平成26年8月豪雨による広島市の土砂災害について取り上げています。その時、要援護者がどう過ごし、どう支援を行ったか等、当事者の方の言葉をもとに作成しました。災害時要援護者支援について、考えるきっかけとなる一冊です。
平成27年4月2日発行　A5判／125頁
定価800円（＋税・送料別）

（内容）
1 いわき市 長寿介護課・障がい福祉課／2 荒川区社会福祉協議会／3 NPO法人 せんだいファミリーサポート・ネットワーク／4 NPO法人 イコールネット仙台／5 中村雅彦（福島県視覚障がい者福祉会 専務理事）／6 特別養護老人ホーム 福寿園（南相馬市）／7 福島県老人福祉施設協議会／8 社会福祉法人 やぎ（広島市）／9 広島市こども未来局／10 広島市安佐北区社会福祉協議会／11 浪江町 サラダ農園

お問合せ・申込先
東京都社会福祉協議会　図書係
ホームページの「福祉の本コーナー」に
他にも多数、掲載しています。

TEL 03(3268)7185
FAX 03(3268)7433
http://www.tcsw.tvac.or.jp/

東日本大震災復興支援記録集編集委員

東日本大震災復興支援特別委員会
- 岩田雅利　　コラボいなぎ　いなぎワークセンター
- 山本あおひ　社会福祉法人正夢の会
- 富永浩一　　かつしかセンター
- 大浦孝啓　　中野区鷺宮すこやか障害者相談支援事業所
- 掛川恵二　　弥生福祉作業所

広報委員会
- 朝山智美　　三鷹市北野ハピネスセンターけやきのもり
- 久保寺玲　　八幡学園
- 佐藤隆司　　調布福祉園
- 篠田彩　　　葛飾通勤寮
- 鈴木信彰　　目黒恵風寮

発行日：平成29年1月5日発行
編　集：東社協知的発達障害部会
　　　　東日本大震災復興支援特別委員会
発　行：社会福祉法人　東京都社会福祉協議会
　　　　　　　　　　（総務部企画担当）
　　　　〒162-8953
　　　　東京都新宿区神楽河岸1－1
　　　　電　話　03-3268-7171
　　　　FAX　03-3268-7433
　　　　http://www.tcsw.tvac.or.jp
印　刷：第一資料印刷株式会社